The Open University

Education and Language Studies: level 1

PORTALES 5

Unidad 1 Comer a gusto

Unidad 2 Días de fiesta

This publication forms part of an Open University course L194/LZX194 *Portales: beginners' Spanish*. Details of this and other Open University courses can be obtained from the Student Registration and Enquiry Service, The Open University, PO Box 197, Milton Keynes MK7 6BJ, United Kingdom: tel. +44 (0)870 333 4340, email general-enquiries@open.ac.uk

Alternatively, you may visit the Open University website at http://www.open.ac.uk where you can learn more about the wide range of courses and packs offered at all levels by The Open University.

To purchase a selection of Open University course materials visit http://www.ouw.co.uk, or contact Open University Worldwide, Michael Young Building, Walton Hall, Milton Keynes MK7 6AA, United Kingdom for a brochure. tel. +44 (0)1908 858785; fax +44 (0)1908 858787; email ouwenq@open.ac.uk

The Open University
Walton Hall, Milton Keynes
MK7 6AA

First published 2003. Reprinted with corrections 2005 and 2006.

Edited and designed by The Open University.

Typeset by The Open University.

Printed and bound in the United Kingdom by CPI, Bath.

ISBN 978 0 7492 6534 5

1.3

Contents

Unidad 1 Comer a gusto 5

Overview 6

Sesión 1 Para mí una horchata 8
Sesión 2 Una mesa para dos 13
Sesión 3 Y... ¿qué tal el trabajo? 16
Sesión 4 La cuenta, por favor 20
Sesión 5 Siento llegar tarde 24
Sesión 6 ¿Me haces un favor? 28
Sesión 7 Voy a cantar un corrido 33
Sesión 8 ¿Has estado en Chiloé? 38
Sesión 9 Repaso 43
Sesión 10 ¡A prueba! 48

Clave 52

Unidad 2 Días de fiesta 59

Overview 60

Sesión 1 Así se hace una paella 62
Sesión 2 Las Fallas de Valencia 67
Sesión 3 Objetos perdidos 72
Sesión 4 El Carnaval de Barranquilla 76
Sesión 5 ¿Qué hiciste ayer? 82
Sesión 6 Felicitaciones 86
Sesión 7 ¿Cuándo sucedió? 90
Sesión 8 ¿Qué te pasó? 95
Sesión 9 Repaso 100
Sesión 10 ¡A prueba! 106

Clave 110

Transcripciones 117

A guide to Spanish instructions 136

Course team list

Course team

Inma Álvarez Puente (academic)

Michael Britton (editor)

Concha Furnborough (academic)

María Iturri Franco (course chair/academic)

Martha Lucía Quintero Gamboa (secretary)

Enilce Northcote-Rojas (secretary)

Cristina Ros i Solé (course chair/academic)

Fernando Rosell Aguilar (academic)

Malihe Sanatian (course manager)

Sean Scrivener (editor)

Mike Truman (academic)

Olwyn Williams (administrator)

Production team

Ann Carter (print buying controller)

Jonathan Davies (design group co-ordinator)

Janis Gilbert (graphic artist)

Pam Higgins (designer)

Tara Marshall (print buying co-ordinator)

Jon Owen (graphic artist)

Deana Plummer (picture researcher)

Natalia Wilson (production administrator)

BBC production

William Moult (audio producer)

Consultant authors

Manuel Frutos Pérez (Book 5)

Rosa Calbet Bonet

Concha Furnborough

Peter Furnborough

Consuelo Rivera Fuentes

Elvira Sancho Insenser

Gloria Gutiérrez Almarza (*Espejo cultural*)

Alicia Peña Calvo (*Espejo cultural*)

Contributors

Lina Adinolfi

Anna Comas-Quinn

Sue Hewer

Gabriela Larson Briceño

Raquel Mardomingo Rodríguez

Carol Styles Carvajal

Roger Zanni (cartoons)

Critical readers

Joan-Tomàs Pujolà

Gloria Gutiérrez Almarza

External assessor

Salvador Estébanez Eraso, Instituto Cervantes.

Special thanks

The course team would like to thank everyone who contributed to *Portales*. Special thanks go to Uwe Baumann, Hélène Mulphin and Christine Pleines, to Salud Cubells Borrás for photographs of *Las Fallas* and to all those who took part in the audio recordings and music.

1

Comer a gusto

In this unit you will visit a bar and a restaurant in Valencia where you will practise ordering drinks and meals, plus find out about the custom of *tapeo* in Spain and drinks from different parts of the Hispanic world. During the meal you will learn how to make small talk on everyday topics, before finally settling the bill. Next, you will follow a cyber conversation between people in Spain and Chile, and practise apologizing and requesting things in different situations. Later you will explore Chiloé, an island in the south of Chile, where you will talk about immediate plans as well as things that you have done in the past and places you have been.

OVERVIEW: COMER A GUSTO

Session	Language points	Vocabulary
1 Para mí una horchata	• Ordering drinks and tapas in a bar • Attracting attention	Drinks and tapas: *la cerveza, el vino, las aceitunas, las patatas fritas*, etc.
2 Una mesa para dos	• Ordering a meal in a restaurant	Courses in a meal: *de primero sopa, de segundo pescado, de postre flan*, etc.
3 Y... ¿qué tal el trabajo?	• Initiating small talk and responding • Using questions, exclamations, statements and tag questions	Topics of conversation and related adjectives: *¡Qué plato tan exótico!, ¿no?*, etc.
4 La cuenta, por favor	• Asking for the bill in different situations	Items on a Chilean menu: *la empanada, el cebiche*, etc. Bills and payment: *cobrar, pagar, la cuenta*, etc.
5 Siento llegar tarde	• Apologizing in a variety of situations and responding to apologies • Revision of the present perfect tense (with regular and irregular past participles)	Vocabulary of mishaps and minor accidents: *derramar, chocar, pisar*, etc.
6 ¿Me haces un favor?	• Use of the present tense to make requests • Use of intonation to express politeness	Vocabulary for items at the meal table: *la sal, la pimienta, la cuchara*, etc. Verbs for asking for these items: *pasar, servir (vino...)*, etc.
7 Voy a cantar un corrido	• Expressing intentions • Time expressions for talking about the immediate future	Revision of vocabulary for leisure activities: *montar a caballo / en bicicleta*, etc. Time expressions: *mañana por la mañana, la semana que viene*, etc.
8 ¿Has estado en Chiloé?	• Saying whether you have ever done something or not • Using the present perfect tense with expressions of frequency	Revision of tourism-related vocabulary: *pasear, visitar*, etc. Expressions of frequency: *alguna vez, nunca*, etc.
9 Repaso		
10 ¡A prueba!		

Cultural information	Language learning tips
Tapeo. Drinks from the Hispanic world.	
Mealtimes in Spain and Chile. Use of *por favor*.	
Topics for small talk.	Pronunciation of the sounds /p/, /t/ and /k/.
Traditional Chilean dishes.	Cross-checking in the dictionary.
Forms of apology for different situations (formal and informal).	
Giving and receiving presents in the Hispanic world.	Use of intonation to show politeness.
Architecture and craft traditions in Chiloé (southern Chile).	

Sesión 1 Para mí una horchata

In this session you will visit a bar in Valencia, learn about the custom of *tapeo* in Spain and discover some drinks from around the Hispanic world.

Key learning points

- Ordering drinks and tapas in a bar
- Attracting attention

Actividad 1.1

Patricio has received a text message on his mobile phone.

1 Unfortunately there are gaps in the message. Try to fill them in. You can use the letters in the box to help you if you want.

Complete el mensaje.

tomar
to have (food and drink)

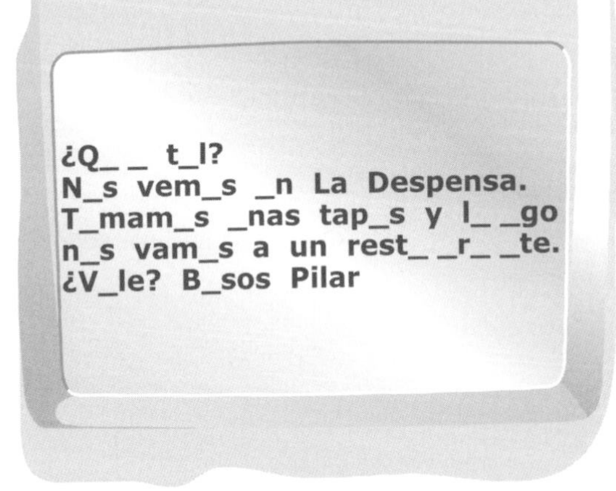

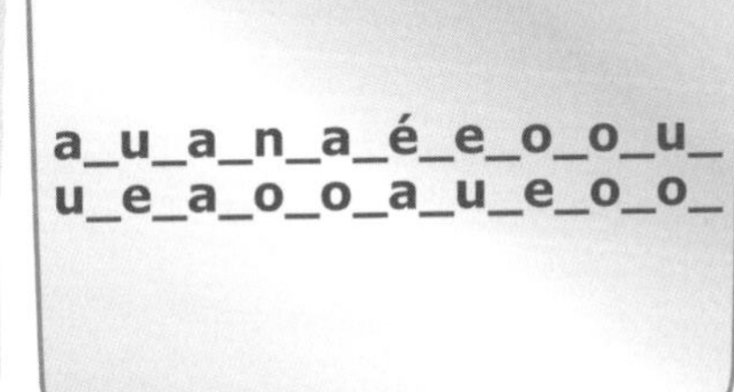

2 The message was from Pilar, a colleague at work. What did she say? Choose the correct answer to the following questions.

Elija la contestación apropiada.

(a) ¿Qué quiere Pilar?

(i) Pilar quiere ir de compras.

(ii) Pilar quiere tomar tapas y comer en un restaurante.

(iii) Pilar quiere tomar tapas e ir al cine.

(b) ¿Qué es La Despensa?

(i) Es una discoteca.

(ii) Es un restaurante.

(iii) Es un bar.

TAPEO

tabernero (el) *bartender*
ponía *used to put*
tapar *to cover*
proteger...de las moscas *protect...from flies*

En España es bastante frecuente ir a los bares antes de almorzar o cenar. Esta costumbre se llama "ir de tapeo" o "tapear" porque es normal beber algo, una cerveza o un vino, y acompañar la bebida con un plato muy pequeño o "tapa". Este plato muy pequeño se llama tapa porque en su origen el tabernero ponía un plato pequeño encima del vaso de vino para "tapar" el vaso y proteger el vino de las moscas.

Actividad 1.2

1 Write the names of the drinks against each picture. Choose from the list of drinks in the glass below.

Escriba los nombres de las bebidas.

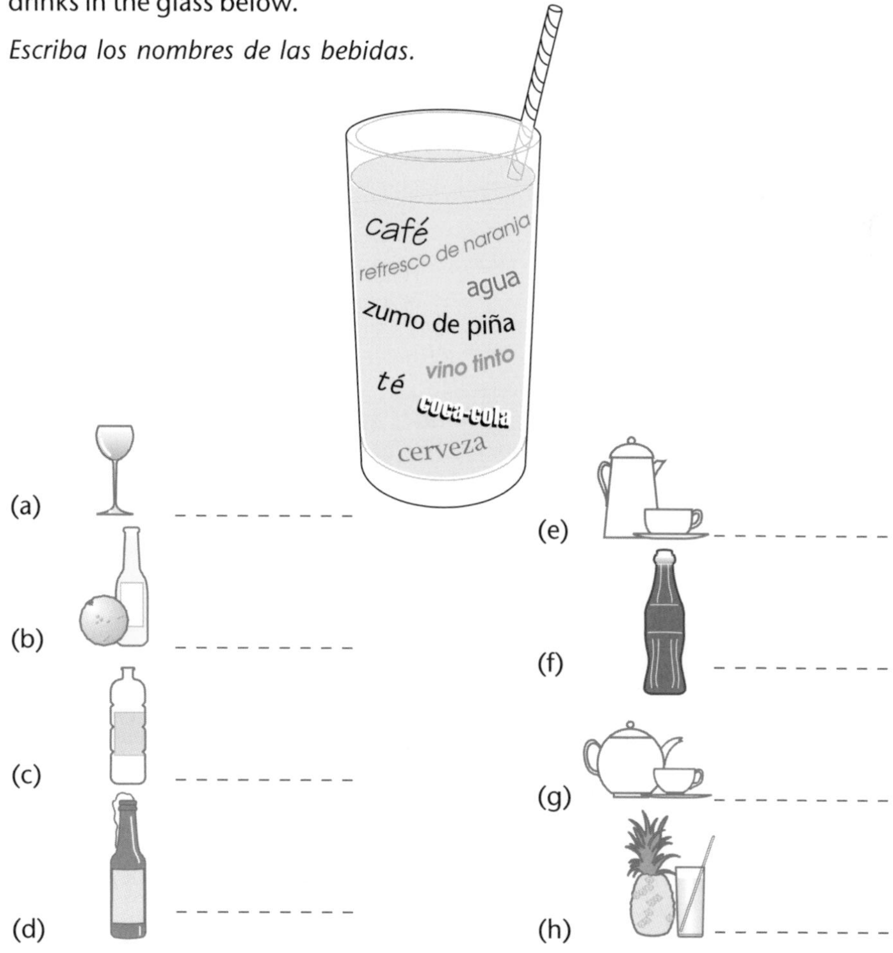

2 Put the drinks from step 1 into groups, according to your own taste, using the categories below.

Clasifique las bebidas según su gusto.

del tiempo
room temperature

Bebidas calientes	Bebidas frías	Bebidas del tiempo
...	...	...

cortado del tiempo (el)
expresso coffee with a dash of (room temperature) milk

nada
nothing

3 Listen to *Pista 2* of CD 5, in which some customers in La Despensa say what they are drinking. Tick the drinks each time they are mentioned. Which is the most popular?

Marque con una cruz.

(a) un cortado del tiempo ❑
(b) una Fanta naranja ❑
(c) un whisky ❑
(d) una horchata ❑
(e) un zumo de pera ❑
(f) un ginger ale ❑
(g) agua ❑
(h) una Coca-Cola ❑
(i) un zumo de naranja ❑
(j) un café con leche ❑
(k) una cerveza ❑

4 Listen to *Pista 2* again, paying attention to the pronunciation. Then read aloud, using the transcript.

Escuche y lea en voz alta.

Actividad 1.3

Patricio and Pilar meet a group of friends in La Despensa.

1 There is a list of *tapas* at the bar. Match them with their translations in English. The first has been done for you.

Enlace las columnas.

(a) aceitunas
(b) calamares fritos
(c) patatas fritas
(d) cacahuetes
(e) tortilla de patatas
(f) albóndigas con tomate
(g) jamón serrano
(h) queso manchego

(i) meatballs in tomato sauce
(ii) crisps
(iii) peanuts
(iv) sheep's milk cheese from La Mancha
(v) Spanish cured ham
(vi) olives
(vii) fried squid rings
(viii) potato omelette

un tinto = un vaso de vino tinto
a glass of red wine

ración (la)
larger portion than a tapa

clara (la)
shandy

2 The waiter comes to take their order. Listen to *Pista 3* and complete the following text by writing down, in Spanish, what each person orders. Check your answer in the transcript.

Escuche y complete el texto.

(a) Para mí __________ .

(b) Para mí __________ .

(c) Me pone __________ .

(d) __________ .

(e) Me pone una ración de __________ , __________ y __________ .

(f) __________ y __________ y __________ .

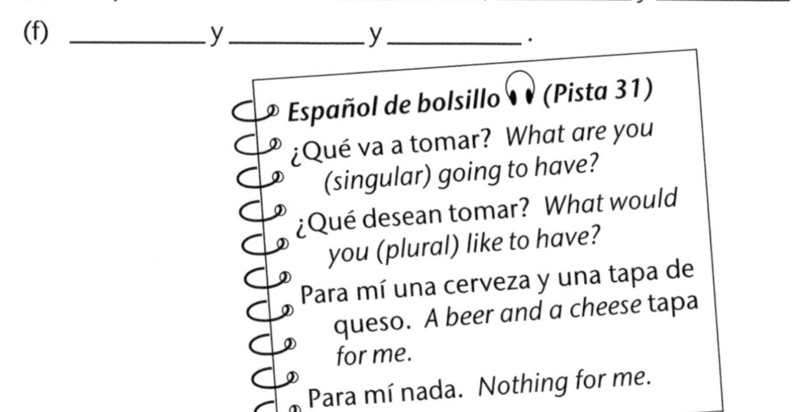

Español de bolsillo ***(Pista 31)***

¿Qué va a tomar? *What are you (singular) going to have?*

¿Qué desean tomar? *What would you (plural) like to have?*

Para mí una cerveza y una tapa de queso. *A beer and a cheese* tapa *for me.*

Para mí nada. *Nothing for me.*

3 Listen to *Pista 3* again. Read the orders aloud, using the transcript.

Escuche y lea en voz alta.

4 It's your turn to order drinks and *tapas*. Listen to *Pista 4* and do the exercise.

Escuche y participe.

5 Practise attracting the waiter's attention in a busy bar. Listen to *Español de bolsillo* on *Pista 32* and repeat aloud.

Escuche y repita en voz alta.

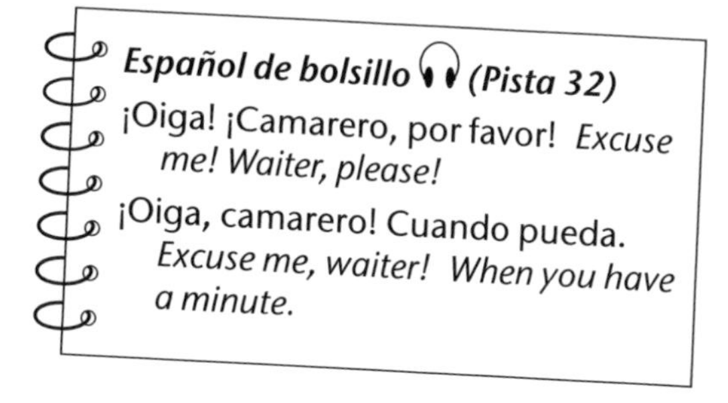

Español de bolsillo ***(Pista 32)***

¡Oiga! ¡Camarero, por favor! *Excuse me! Waiter, please!*

¡Oiga, camarero! Cuando pueda. *Excuse me, waiter! When you have a minute.*

6 Now make a list of drinks and tapas you like, then practise calling the waiter and ordering. Record yourself.

Grábese en su cinta.

Actividad 1.4

There is also a list of special drinks at the bar. Read it and answer the following questions.

Lea y conteste las preguntas siguientes.

ron (el)
rum

pisco (el)
clear spirit similar to brandy

azúcar glas (el)
icing sugar

clara de huevo (la)
egg white

cubitos de hielo (los)
ice cubes

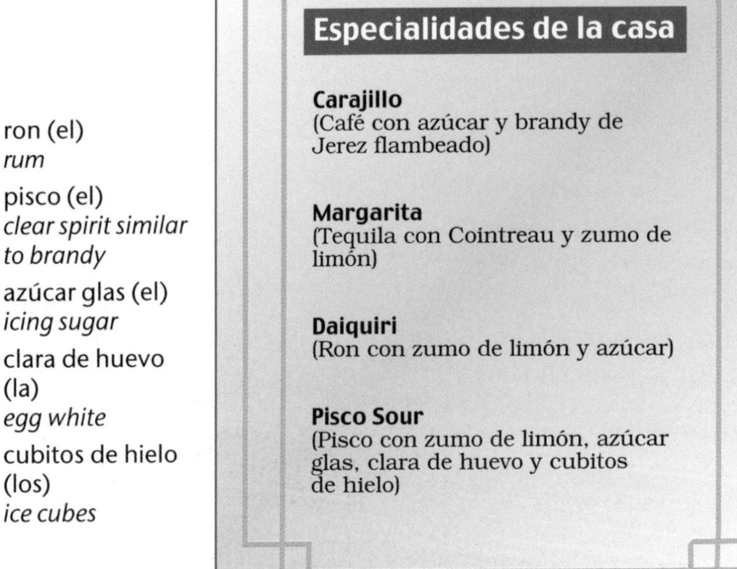

Especialidades de la casa

Carajillo
(Café con azúcar y brandy de Jerez flambeado)

Margarita
(Tequila con Cointreau y zumo de limón)

Daiquiri
(Ron con zumo de limón y azúcar)

Pisco Sour
(Pisco con zumo de limón, azúcar glas, clara de huevo y cubitos de hielo)

(a) Which ones contain fruit juice?

(b) How many contain alcohol?

(c) Can you tell from the ingredients and the names which of the following countries the drinks come from?

(i) Cuba

(ii) España

(iii) Chile

(iv) México

Léxico básico

aceitunas (las)	*olives*	queso (el)	*cheese*
agua (el *feminine*)	*water*	ración (la)	*portion*
albóndigas (las)	*meatballs*	refresco (el)	*soft drink*
cacahuetes (los)	*peanuts*	tapa (la)	*small portion of food (served as an accompaniment to a drink)*
café (el)	*coffee*		
calamares fritos (los)	*fried squid*		
cerveza (la)	*beer*	té (el)	*tea*
jamón (el)	*ham*	vino tinto (el)	*red wine*
leche (la)	*milk*	zumo (el) (Sp)	*juice*
patatas fritas (las)	*crisps; chips*		

Sesión 2 Una mesa para dos

In this session you are going to learn how to order a meal in a restaurant.

Key learning points

- Ordering a meal in a restaurant

Actividad 2.1 

HORAS DE COMIDAS EN ESPAÑA Y EN CHILE

La primera comida del día (*meal of the day*) es el desayuno (*breakfast*). Por lo general los chilenos toman sus comidas más temprano que los españoles.

El almuerzo (*lunch*) es la comida principal del día en Chile y en España. Los chilenos generalmente almuerzan entre la una y las dos de la tarde. En España el almuerzo suele ser entre las dos y las tres. El almuerzo en España también se llama la "comida". Almorzar es comer.

La tercera comida es las "onces" en Chile y la "merienda" en España. Las onces son a las cinco de la tarde y la merienda es entre las cinco y las siete. Se suele invitar a los amigos a tomar onces en Chile o a merendar en España.

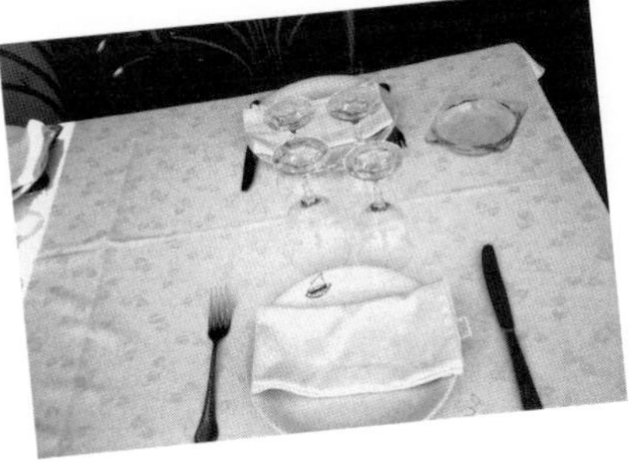

La cena (*dinner*) en Chile se conoce como la "comida". Se sirve sobre las 8:30, más temprano que en España.

In the restaurant La Rosa, in Valencia, the waiter is greeting some customers and showing them to a table. Listen to *Pista 5* and answer the following questions.

Conteste las preguntas siguientes.

(a) ¿Qué parte del día es?

(b) ¿Cuántos son para comer?

(c) ¿Van a almorzar o a cenar?

Actividad 2.2

In this activity you are going to look at some typical menus and order some food.

de primero *(for) starters*

de segundo *(for) main course*

postre (el) *dessert*

1 Look at this restaurant menu. As you would expect, the dishes are divided into categories according to the order in which they are usually eaten. Look at the following list of three dishes and say which of these categories they would normally belong to: *de primero, de segundo, de postre.*

Enlace cada plato con su categoría.

(a) filete de cerdo

(b) ensalada

(c) manzana

2 Read the menu again and group the first and second courses according to food types in the table below. Note that there is only one meat dish.

Agrupe los platos en estas categorías.

La Rosa

De primero
Ensalada valenciana 1,80€
Salad Valencian style

Mejillones a las finas hierbas 1,80€
Mussels with fine herbs

Calamares fritos 1,80€
Fried squid

Sopa de verduras 2,30€
Vegetable soup

Sopa de pescado 2,30€
Fish soup

Plato de gazpacho andaluz 2,40€
Chilled soup Andalusian style (tomatoes, cucumber, peppers and onions)

De segundo
Filete de ternera con patatas fritas 5,71€
Steak and chips

Merluza rebozada 6,91€
Hake in batter

Paella de marisco 7,51€
Seafood paella

Arroz de bogavante 5,41€
Rice with lobster

Tortilla de patatas 3,81€
Potato omelette

De postre
Fruta del tiempo 4,21€
Fresh fruit

Helado 3,01€
Ice cream

Flan 3,61€
Crème caramel

Carne	Pescado y mariscos	Verdura
Filete de ternera con patatas fritas	Mejillones a las finas hierbas	Ensalada valenciana
–	...	...

3 Time to order some food! Write down what you would order (a) if you were vegetarian, and (b) if you loved fish and seafood.

Complete.

(a) De primero __________ y de segundo __________.

(b) De primero __________ y de segundo __________.

Actividad 2.3

enseguida lo tenemos
it won't be long

1 The waiter is taking the order at another table. Listen to *Pista 6* and tick the dishes they have ordered.

Marque con una cruz.

De primero		**De segundo**	
ensalada	❑	filete de ternera	❑
mejillones	❑	merluza rebozada	❑
calamares	❑	paella de marisco	❑
gazpacho	❑	arroz de bogavante	❑
		tortilla de patatas	❑

ORDERING A MEAL

Here are the main expressions used when ordering a meal. You can simply state the dish you want or say what you would like, using the verbs *querer* or *tomar*. Note that the expression *por favor* is not used very often in Spanish in this context. Politeness is conveyed through intonation.

Para mí una sopa de pescado.

De primero un gazpacho.

De segundo quiero un filete de ternera.

De postre voy a tomar un flan.

2 Listen to *Pista 7* and place your orders.

Escuche y pida su comida.

Actividad 2.4

les traigo
I'll bring you
enseguida
straightaway

1 Now you are a customer in La Rosa. Listen to *Pista 8* and answer the waitress.

Escuche y conteste a la camarera.

2 Practise the same situation, this time changing the number of people dining and their orders. Order for the whole group. Make some notes and then record yourself.

Grábese en su cinta.

Ejemplo

Somos cuatro para cenar. Para la señora sopa y tortilla. Para el niño arroz. Para el señor pescado y ensalada. Para mí filete y ensalada.

Léxico básico

arroz (el)	*rice*	helado (el)	*ice cream*
de primero	*(for) starters*	marisco (el)	*seafood*
de segundo	*(for) main course*	mejillones (los)	*mussels*
filete (el)	*steak*	merluza (la)	*hake*
flan (el)	*crème caramel*	paella (la)	*Valencian rice dish*
fruta del tiempo (la)	*fresh fruit*	rebozado	*in batter*
gazpacho (el)	*Andalusian-style cold soup*		

Sesión 3 Y... ¿qué tal el trabajo?

In this session you will practise making small talk.

Key learning points

- Initiating small talk and responding
- Using questions, exclamations, statements and tag questions

Actividad 3.1

1 Imagine you are having a working lunch in La Rosa with a colleague you don't know very well. What topics would you talk about? Write a list of at least five topics in Spanish.

Escriba una lista de temas en español.

Ejemplo

el tiempo

insoportable
unbearable
¿Qué te parece?
What do you think?
película de miedo (la)
horror film

2 You overheard bits of conversation from the other tables, where people are commenting on the food and other things. Listen to *Pista 9* and note down the order in which you hear the following topics mentioned.

Escuche y anote.

el tráfico • la comida • el restaurante • el tiempo • planes para más tarde

Actividad 3.2

MAKING SMALL TALK

Here are some different ways of initiating a conversation:

(a) Questions with *qué tal* + article + noun:

¿Qué tal el tráfico? (How was the traffic?)

(b) Exclamations with *qué* + tag question:

¡Qué calor!, ¿no? (It's really hot, isn't it?)

¡Qué rico!, ¿verdad? (Delicious, isn't it?)

(c) Exclamations with *tan* + adjective + tag question:

¡Qué comida tan deliciosa!, ¿verdad? (What a delicious meal, isn't it?)

¡Qué plato tan exótico!, ¿no? (What an exotic dish, isn't it?)

(d) Statement + tag question:

La comida es muy buena, ¿no te parece? (The food is very good, don't you think?)

Here are some common expressions used to respond to the comments above:

Sí, sí. (Oh, yes.)
In Spanish it is common to repeat *sí* or *no* for emphasis.

Sí, es verdad. (Yes, that's true.)

Claro. (Of course.)

¡No me digas! (Well I never!)

¿De verdad? (Really?)

¡Terrible! (That's terrible!)

1 Here are the answers to some questions trying to initiate a conversation. Ask the questions appropriate to each answer.

Escriba las preguntas.

(a) Muy bien, la familia está muy bien, gracias.

(b) No está mal. El trabajo es muy interesante.

(c) El tráfico está muy mal en el centro. ¡Qué atasco!

atasco (el)
traffic jam

2 It's your turn to make some small talk with your work colleague over lunch. Use the prompts to make exclamations, followed by a tag question.

Escriba.

Ejemplos

calor / verdad

¡Qué calor!, ¿verdad?

noticia / curiosa / ¿no te parece?

¡Qué noticia tan curiosa!, ¿no te parece?

(a) tiempo / ¿no?

(b) plato / original / ¿no?

(c) menú / variado / ¿no?

(d) carta de vinos / completa / ¿verdad?

(e) servicio / rápido / ¿no te parece?

3 Now listen to *Pista 10* and make small talk.

Escuche y participe.

4 Read these opening remarks and decide on an appropriate response to each of them.

Escriba su respuesta.

caro
expensive

Ejemplo

Los precios de este restaurante son muy caros, ¿no?

Sí, es verdad. Son muy caros.

or

¡No me digas!

(a) La comida es muy buena, ¿no te parece?

(b) El menú no tiene nada para vegetarianos.

(c) Hace mucho frío y la calefacción no funciona.

(d) El café de este restaurante es café instantáneo, ¿verdad?

(e) La carta de vinos es fantástica, ¿no te parece?

travieso
naughty

5 Your colleague tries to start a conversation with you. Listen to *Pista 11* and answer him.

Escuche y participe.

Actividad 3.3

PRONUNCIATION: THE SOUNDS /p/, /t/ AND /k/ IN SPANISH

In Spanish these sounds correspond to the following spellings:

Sound	Spelling	Examples
/p/	p	**p**asa, **p**era, **p**imiento, **p**ulpo
/t/	t	**t**oma**t**e, pa**t**a**t**a, acei**t**e, **t**ila, a**t**ún
/k/	c (+ a, o, u) qu (+ i, e) k	**c**asa, po**c**o, **c**urioso **qu**ien, **qu**eso **k**ilo

These sounds are pronounced more softly in Spanish than in English. You can check your pronunciation by putting a mirror near your mouth; if you get mist on the glass when saying words with these sounds, you will know you have to release less air. To pronounce the sound /t/ correctly in Spanish you need to put the tip of your tongue on the back of your teeth.

1. Listen to *Pista 12*. These are words with similar spellings in Spanish and English. Notice how the pronunciation differs. Listen again and repeat the Spanish words, reading from your transcript if you want.
   Escuche, lea y repita.
2. Now listen to *Pista 13*, using the transcript to practise pronouncing phrases with these sounds. Then listen again and repeat without reading.
   Escuche, lea y repita.
3. Time for some more practice on /p/, /t/ and /k/. Listen to *Pista 14*, using the transcript to order drinks and *tapas* for a group of friends. Then listen again and repeat without reading.
   Escuche, lea y repita.

Léxico básico

atasco (el) *traffic jam*
carta de vinos (la) *wine list*
completo *comprehensive*
curioso *curious*
fantástico *great, brilliant*
insoportable *unbearable*
planes (los) *plans*
rápido *fast, quick*
rico *delicious (with food)*
tráfico (el) *traffic*
variado *varied*

Sesión 4 La cuenta, por favor

In this session you will learn how to settle a bill in a restaurant or bar, and you will visit a Chilean restaurant and sample some traditional dishes with members of the theatre group *Expresiones.*

Key learning point

- Asking for the bill in different situations

Actividad 4.1

Héctor and two Spanish friends from the theatre group *Expresiones* are having lunch in El Ají Verde, a restaurant in Santiago which specializes in traditional cooking.

1 Read the menu opposite. Which dishes do you think are typically Chilean?

Lea y decida.

2 Look at the bill below. Then listen to Héctor and his friends ordering a meal on *Pista 15*. Have they been charged for the right dishes?

Escuche, lea la cuenta y compruebe.

Primeros	
Ensalada x 2 (730 x 2)	$1.460
Empanada x 1	$1.200
Segundos	
Cebiche x 1	$1.490
Pastel de choclo x 2 (2.100 x 2)	$4.200
Postres	
Leche nevada x 2 (800 x 2)	$1.600
Plátano en dulce x 1	$800
Bebidas	
1/2 vino de la casa	$1.100
Agua mineral x 3 (760 x 3)	$2.280
Total	$14.130

choclo (el) (SAm)
corn

papas (las) (LAm)
potatoes

porotos verdes (los) (Chi)
green beans

Restaurante "El Ají Verde"

Sugerencias (*The chef recommends*)

ENTRADAS *(Starters)*
Consomé *(Consommé)* $800
Empanada de pino $1.200
(Pasty filled with a mixture of chopped beef, onion, olives, raisins and hardboiled eggs)
Cebiche $1.490
(Raw seafood mixed with lemon juice, tomatoes, onions and spices)
Tomate relleno *(Stuffed tomatoes)* $1.150

PLATO DE FONDO *(Main course)*
Pescados (Ver hoja separada con platos de pescado)
(Fish dishes, see separate sheet)
Carnes (Ver hoja separada con platos de carne)
(Meat dishes, see separate sheet)
Pastel de choclo $2.100
(White corn and meat casserole topped with sugar)

ACOMPAÑAMIENTOS *(Side dishes)* $730
Arroz, puré de papas, papas fritas, papas cocidas
(Rice, mashed potatoes, chips, boiled potatoes)

ENSALADAS *(Salads)* $730
Ensalada chilena *(Salad Chilean style, with chopped, peeled tomatoes and sliced onions dressed with salt, oil, vinegar and coriander)*
Ensalada de porotos verdes *(Green bean salad)*

POSTRES *(Desserts)*
Helados *(Ice creams)* $780
Leche nevada $800
(Egg and milk topped with meringue)
Plátano en dulce $800
(Bananas baked with cornmeal, spices and sugar)

VINOS Y BEBIDAS *(Wines and other drinks)*
1/2 botella vino de la casa *(House wine)* $1.100
3/4 botella vino de la casa *(House wine)* $1.840
Cervezas *(Beers)* $800
Refrescos y jugos *(Soft drinks and juices)* $760
Agua mineral *(Mineral water)* $760

3 Héctor has the bill and Celia asks him some questions about it. You are Héctor and you reply to Celia.

Conteste las preguntas de Celia.

(a) ¿Cuánto es el total de la cuenta, Héctor?

(b) ¿Qué hemos tomado de primero?

(c) ¿Están bien los primeros en la cuenta?

(d) Y... Héctor, ¿qué hemos tomado de segundo?

(e) ¿Los segundos están bien, entonces?

(f) ¿Y cuántos postres hay en la cuenta? ¿Están bien?

Actividad 4.2

1 Listen to the mini dialogues in *Pista 16*. Which is the odd one out and why? Explain why in English.

Escuche y diga cuál es el diálogo intruso. Explique por qué.

Español de bolsillo (Pista 33)

¿Me puede traer la cuenta, por favor? (formal) *Could I have the bill, please?*

¿Me trae la nota, por favor? (formal) *Could I have the bill, please?*

¿Se puede pagar con tarjeta? *Is it possible to pay by card?*

¿Cuánto es? (generally informal) *How much is it?*

¿Me cobra? (generally informal) *Can I pay, please?*

¿Qué le debo? (generally informal) *What do I owe you?*

en efectivo
cash

2 Now listen to the dialogues in *Pista 17*, which take place in two different restaurants. Answer the following questions.

Conteste las preguntas.

(a) ¿Es posible pagar con tarjeta en el primer restaurante?

(b) Y en el segundo ¿es posible pagar con tarjeta?

3 You are with a group of friends and you want to settle the bill. Record yourself asking for it using the expressions you think most appropriate (i.e. formal or informal) for the following two situations.

Grábese en su cinta.

de lujo
high-class

un par de
a couple of

(a) Usted está en un restaurante de lujo con dos amigas.

(b) Usted está en un bar de tapas con su pareja. Quiere pagar un par de cervezas y unas tapas.

En pocas palabras

Dictionary skills: cross-checking

When you look up a word in your dictionary, it will often show different meanings. Looking at the context will help you to use the dictionary efficiently, but you can also make really sure that you have chosen the right word by looking it up in the other language. This is known as cross-checking.

1 The following English words, which have appeared in the first four sessions of this unit, have more than one meaning in Spanish. Look them up in the English section of the dictionary and write down their equivalents in Spanish. The first has been done for you.

Busque en el diccionario y escriba.

Palabra en inglés	Palabras en español
bill	cuenta, factura, billete
to charge	
card	
course	

2 Now underline the meaning that you learned in the context of having a meal in a restaurant.

Subraye.

3 Look at the following sentences and write the correct Spanish equivalent of the words in brackets. If in doubt, cross-check your choice of word.

Lea y escriba.

Ejemplo

No tengo suficiente dinero para pagar la factura (*the bill*) del teléfono.

(a) La policía __________ (*to charge*) a Pedro de robar un coche.

(b) Voy a pagar con __________ (*card*).

(c) Este hotel tiene un __________ (*course*) de golf.

(d) Me gusta este juego de __________ (*cards*).

(e) Juan __________ (*to charge*) unos precios muy altos en el bar.

Vocabulary practice

In each of the following columns there is one word that does not fit. Cross it out and place it in the correct category.

Tache el intruso y colóquelo en el grupo correspondiente.

Bebidas	Comidas	Establecimientos
cerveza	ensalada	restaurante
Coca-Cola	filete	helado
agua	merluza	bar
café	flan	cine
paella	tortilla	cafetería
zumo	sopa	pizzería
vino	horchata	discoteca
té	calamares	tienda

Léxico básico

cebiche (el) (LAm)	*raw seafood salad*
choclo (el) (SAm)	*corn*
cobrar	*to charge (payment)*
consomé (el)	*consommé*
cuenta (la)	*bill*
empanada (la)	*pasty*
en efectivo	*cash*
jugo (el) (LAm)	*juice*
nota (la)	*bill*
pagar	*to pay*
porotos verdes (los) (Chi)	*green beans*
puré de papas (el) (LAm) / puré de patatas (el) (Sp)	*mashed potatoes*
tarjeta (la)	*card*
vino de la casa (el)	*house wine*

Sesión 5 Siento llegar tarde

In this session you will meet Carmen, from Patricio's office in Valencia, and Pedro, a friend from Chile she met while chatting on the Net.

Key learning points

- Apologizing in a variety of situations and responding to apologies
- Revision of the present perfect tense (with regular and irregular past participles)

Actividad 5.1

1 Carmen comes running into her room for a videoconference she had planned with Pedro. Look at her computer screen. What is her friend saying? Choose the correct option.

Elija la opción adecuada.

(a) Hello! Are you OK, Carmen? You're never late...

(b) Hello! Is that you, Carmen? I can't see you...

(c) Hello! Are you there, Carmen? You're late...

2 Carmen hasn't had time to plug in her web camera. She types an apology saying why she's late. Complete her message using the present perfect (all the past participles are regular). The first has been done for you.

Rellene los espacios en blanco.

a la vuelta
on (my) return

por suerte
luckily

chocar
to collide

golpear
to hit

resultar herido
to be injured

> ¡Hola!
>
> Lo siento, Pedro. No (a) <u>he tenido</u> (tener) tiempo de conectar la cámara web. (b) __________ (llegar) tarde porque (c) __________ (ir) al banco y a la vuelta he visto un accidente en la calle. No ha sido nada, por suerte. Un coche (e) __________ (chocar) con otro y luego (f) __________ (golpear) una farola. Nadie (g) __________ (resultar) herido.
>
> Carmen

3 Here are some other reasons that could have delayed her (the past participles are irregular here). Again, the first has been done for you.

Rellene los espacios en blanco.

Carmen ha llegado tarde a la videoconferencia...

(a) porque ha puesto (poner) música tranquila y se ha dormido en el sofá.

(b) porque __________ (ver) una película muy larga en la tele.

(c) porque __________ (hacer) muy mal tiempo toda la tarde.

(d) porque __________ (volver) tarde de hacer las compras, (e) y después __________ (escribir) una carta muy larga a su novio.

Actividad 5.2

derramar
to spill
suelo (el)
floor
demasiado
too much
cortar
to cut
pisar
to tread on
crema bronceadora (la)
sun tan cream
empujar
to push

1 You need to apologize to friends or family members. What would you say in each situation?

Escriba la disculpa completa.

Ejemplo

Usted está en la cocina con su pareja y derrama vino en el suelo sin querer.

Usted: Perdona. He derramado vino en el suelo. Ha sido sin querer.

(a) Usted está en la cocina preparando cebiche con un amigo y pone demasiado pescado.

Usted : Lo siento. __________ .

(b) Usted está en el jardín y corta las rosas favoritas de su pareja.

Usted: Lo siento. __________ .

(c) Usted está con una amiga en el cine y la pisa sin querer.

Usted: Perdona. Te he __________ .

(d) Usted está en la playa con una amiga y coge su crema bronceadora sin querer.

Usted: Lo siento. __________ .

(e) Usted está en un parque con un amigo y le empuja sin querer.

Usted: Perdona. Te he __________ .

(f) Usted está en un bar y bebe la cerveza de su amigo por error, por supuesto.

Usted: Lo siento. __________ .

toalla (la)
towel

2 Now try apologizing aloud. Listen to *Pista 18* and do the exercise.

Escuche y participe.

mantel (el)
table cloth

choca con usted
bumps into you

3 Listen to *Pista 19* and respond to the apologies you hear.

Responda a las disculpas.

Español de bolsillo (Pista 34)

Lo siento. (formal or informal) *I'm sorry.*

Perdona, mamá. Ha sido sin querer. (informal) *I'm sorry, mum. I didn't mean to.*

No pasa nada. No te preocupes. (informal) *It doesn't matter. Don't worry.*

Perdón. (formal or informal) *Sorry.*

Lo siento. Lo siento mucho, señor. (formal) *I'm sorry. I'm very sorry.*

Perdone, señora. Ha sido sin querer. (formal) *Sorry, madam. I didn't mean to.*

No es nada. No se preocupe. (formal) *It's nothing. Don't worry.*

Actividad 5.3

Pedro tells Carmen some jokes he has found on the Internet. Fill in the gaps with the verbs in the correct form of the present perfect.

Rellene los espacios en blanco.

mosca (la)
fly

pez (el)
fish (live)

peluquero, -a (el/la)
hairdresser

gato (el)
cat

alguien
somebody

que lo estaba buscando
who was looking for it

borracho
drunk

(a) **En un restaurante**

– ¡Camarero! __________ (encontrar, yo) una mosca en mi sopa.

– Lo siento, enseguida le traigo tenedor y cuchillo.

(b) **En un acuario**

– ¡Oiga, este pez __________ (cantar) una canción!

– Lo siento. No lo hace muy bien, ¿verdad?

(c) **En una peluquería**

– ¡Peluquero! ¡El gato __________ (decir) hola!

– No pasa nada, es de la familia.

(d) Antoñito vuelve a casa con un billete de 50 euros. Le enseña el billete a su mamá y le dice: "Mamá, mira, __________ (encontrar, yo) este billete en la calle". La mamá le contesta: "Antoñito, ¿estás seguro de que alguien __________ (perder) el billete?" "Sí," responde el niño, "también __________ (ver, yo) a la señora que lo estaba buscando".

(e) Un hombre totalmente borracho entra en un bar y dice "Oiga, camarero, un whisky, por favor". El camarero le dice: "¡Señor, usted __________ (beber) mucho! Debe irse a casa". El hombre sale del bar y un minuto después entra otra vez y pide un whisky. La escena con el camarero se repite cinco veces. Entonces el borracho le pregunta: "Oiga, y usted, ¿en cuántos bares trabaja?"

Léxico básico

cámara web (la)	*web cam*
chocar (con)	*to bump (into), to collide (with)*
cortar	*to cut*
derramar	*to spill*
empujar	*to push*
enseñar	*to show*
golpear	*to hit*
hacer buen / mal tiempo	*to be good / bad weather*
llegar tarde	*to be late*
pisar	*to tread on*
poner música	*to play music*
poner	*to put (in)*
resultar herido	*to be injured*

Sesión 6 ¿Me haces un favor?

In this session you will have dinner with some friends in Spain. You will learn how to make requests and respond to requests appropriately.

Key learning points

- Use of the present tense to make requests
- Use of intonation to express politeness

Actividad 6.1

You arrive home to find the table set. Look at the picture opposite and answer the following questions.

Conteste las preguntas.

(a) ¿Con qué come un filete de ternera?

(b) ¿Con qué toma la sopa?

(c) ¿Qué utiliza para beber el agua?

(d) ¿Qué utiliza para beber el vino?

(e) ¿Qué condimentos utiliza para la ensalada?

(f) ¿Con qué se limpia la boca?

Actividad 6.2

1 You are in Spain having dinner with some friends. Listen to *Pista 20* and number the items requested in the order you hear them.

Escuche y numere.

(a) agua ❑

(b) aceite ❑

(c) sal ❑

Español de bolsillo (Pista 35)

¿Me pasas la sal? *Can you pass me the salt?*

Sí, claro. *Yes, certainly.*

¿Me sirves un poco de vino? *Can you pour me a drop of wine?*

Por supuesto. *Of course.*

¿Me das una naranja? *Can you pass me an orange?*

Sí, vale. *Yes, OK.*

poner
here, *to get, to pour*

MAKING REQUESTS

To ask somebody to do something for you, you can use a question in the present tense preceded by *me* ('to me'/'for me'):

¿Me puedes poner un poco de vino?

¿Me pones un poco de agua?

¿Me pasas el pan?

¿Me trae la nota?

2 It's your turn to ask for things to be passed to you. Listen to *Pista 21* and do the exercise. Pay special attention to the intonation of your request, since this will convey politeness: *por favor* is not necessarily used.

Escuche y participe.

3 One of your friends asks for various things. Choose the most appropriate answer.

Elija la respuesta adecuada.

(a) ¿Me pasas la pimienta?

(i) No. (ii) De nada. (iii) Por supuesto.

(b) ¿Me sirves un poco de ensalada?

(i) Sí, ahora mismo. (ii) Siempre. (iii) No, gracias.

(c) ¿Me sirves un poco de carne, por favor?

(i) No pasa nada. (ii) Por supuesto. ¡Cómo no! (iii) Nunca.

(d) ¿Me das un plátano?

(i) Claro. Toma. (ii) Ha sido sin querer. (iii) Para nada.

(e) ¿Me das un plato para el postre?

(i) No, no quiero. (ii) Por supuesto. Toma. (iii) Sí, gracias.

4 Now record yourself asking for the same things. Once again pay attention to intonation.

Grábese en su cinta.

Actividad 6.3

1 Here are some expressions which are frequently used for making requests. Link the two parts. The first has been done for you.

Enlace.

(a) ¿Me llevas
(b) ¿Me dices
(c) ¿Me prestas
(d) ¿Me ayudas
(e) ¿Me cambias
(f) ¿Me abres

(i) la hora?
(ii) cinco euros?
(iii) a llevar estas bolsas?
(iv) al aeropuerto?
(v) la puerta?
(vi) este billete?

pañuelo de papel (el) *paper handkerchief*

2 Now you need to ask more favours of a friend. Listen to *Pista 22* and do the exercise.

Pida otros favores.

Español de bolsillo ***(Pista 36)***

¿Me dejas tu calculadora? *Can you lend me your calculator?*

¿Me prestas tu cámara fotográfica? *Can you lend me your camera?*

¡Cómo no! Toma. *Of course. Here you are.*

3 Think about the following situations. What would you say?

Piense y escriba.

(a) Necesita llamar por teléfono y no tiene dinero.

(b) Necesita escribir algo y no tiene bolígrafo.

sillita de paseo (la) *pushchair*

(c) Tiene una sillita de paseo de niños y necesita abrir la puerta.

4 Think of some other situations where you need to ask for a favour. Make notes, then record yourself.

Grábese en su cinta.

Espejo Cultural

Giving and receiving presents in the Hispanic world: *Regalos y detalles*

There are occasions when people give presents to say thank you or to show love or appreciation. Complete the following questionnaire, ticking the option(s) you would choose in your country. Then read the *Clave* and compare your answers with customs in Hispanic countries.

se hace *is done, do people do*

pasteles (los) *cakes*

licor (el) *liqueur*

1 ¿Qué se hace normalmente en su país en estas situaciones?

Marque con una cruz.

(a) Cuando vamos invitados a comer a casa de amigos solemos llevar...

(i) pasteles (ii) flores (iii) vino (iv) cerveza (v) otra cosa, especificar

(b) Cuando visitamos a alguien en un hospital normalmente le llevamos...

(i) flores (ii) un libro (iii) un licor (iv) fruta (v) otra cosa, especificar

(c) Cuando alguien nos da un regalo, por ejemplo, en una fiesta de cumpleaños...

(i) antes de desenvolverlo rápidamente preguntamos: "¿qué es?" (ii) lo desenvolvemos inmediatamente (iii) lo desenvolvemos cuando estamos solos después de la fiesta (iv) desenvolvemos todos los regalos en un momento determinado de la fiesta (v) otra cosa, especificar

desenvolver
to unwrap

lista de bodas (la)
wedding list

meter
to put in

familiar (el/la)
relative

juguetes (los)
toys

(d) Cuando hacemos un regalo de bodas a unos amigos...

(i) regalamos algo para la casa (ii) les damos dinero (iii) usamos la lista de bodas (iv) metemos dinero en su cuenta bancaria (v) otra cosa, especificar

(e) En el cumpleaños de un familiar, niño o adulto, es frecuente regalar...

(i) ropa (ii) juguetes (iii) perfume (iv) electrodomésticos (v) otra cosa, especificar

2 Now answer the questions below, in Spanish, about what you have done in the following situations.

Conteste en español.

(a) ¿Ha llevado pasteles a casa de amigos en Inglaterra cuando ha ido invitado a cenar?

(b) ¿Qué suele llevar cuando va invitado a cenar a casa de amigos?

(c) ¿Qué detalle ha llevado cuando ha visitado a un familiar en el hospital?

(d) ¿Ha regalado dinero a algún amigo como regalo de bodas?

(e) ¿Qué suele regalar a sus amigos por su cumpleaños?

Léxico básico

aceite (el)	*oil*
copa (la)	*(stem) glass*
cuchara (la)	*spoon*
cuchillo (el)	*knife*
dejar	*to let (someone) have, to lend*
mantel (el)	*tablecloth*
mostaza (la)	*mustard*
pimienta (la)	*pepper (spice)*
pasar (la sal)	*to pass (the salt)*
plato (el)	*plate*
poner (vino)	*to get, to serve, to pour (wine)*
sal (la)	*salt*
servilleta (la)	*serviette, napkin*
servir (vino, ensalada)	*to serve (wine, salad)*
tenedor (el)	*fork*
traer (la nota)	*to bring (the bill)*
vaso (el)	*glass*
vinagre (el)	*vinegar*

Sesión 7 Voy a cantar un corrido

In this session you will meet a group of Isabel's friends in Chile who talk about what they intend to do in the immediate future.

Key learning points

- Expressing intentions
- Time expressions for talking about the immediate future

Actividad 7.1

1 Isabel, Pedro and Marta are talking about what they intend doing in the near future. Match each picture to the appropriate dialogue.

Enlace cada foto con su diálogo correspondiente.

(a) (b) (c)

(i) – ¿Qué vas a hacer la semana que viene, Marta?
– Voy a esquiar.

(ii) – ¿Qué vas a hacer mañana, Pedro?
– Voy a montar a caballo.

(iii) – ¿Qué vas a hacer este sábado, Isabel?
– Voy a ver una ceremonia tradicional.

EXPRESSING INTENTIONS

Ir a + infinitivo

This structure is used to express intentions or to show what is going to happen in the immediate future. It is usually accompanied by an expression of time.

Hoy voy a cantar con mis amigos.

Esta noche Juan y María van a bailar.

La semana que viene van a viajar a Temuco.

Mañana vamos a comprar un coche.

	IR A +	INFINITIVO
(yo)	voy a	cantar
(tú)	vas a	bailar
(él/ella/Ud.)	va a	tocar (la guitarra)
(nosotros, -as)	vamos a	pasarlo (bien)
(vosotros, -as)	vais a	preparar (la comida)
(ellos/ellas/Uds.)	van a	fregar (los platos)

2 Now report back on what Isabel's friends say they are going to do. Convert the sentences to the third person, as in the example.

Escriba.

Ejemplo

Marta: "Voy a esquiar".

Marta va a esquiar.

(a) Pedro: "Voy a montar a caballo".

(b) Isabel: "Voy a ver una ceremonia tradicional".

(c) Chelo y Antonio: "Vamos a tocar la guitarra".

(d) Ascención y Marina: "Vamos a leer el periódico".

(e) José y Fernando: "Vamos a hacer deporte".

3 In Valencia a group of Patricio's Spanish friends are asking each other what they are going to do. Write down their answers.

Escriba las respuestas.

Ejemplo

¿Vas a nadar, Fernando? (no, hacer gimnasia)

No, voy a hacer gimnasia.

(a) ¿Vas a montar a caballo, Chema? (no, montar en bicicleta)

(b) ¿Vais a estudiar? (no, leer una revista)

(c) ¿Vais a ver la televisión? (no, ir al cine)

(d) Chema, ¿qué van a hacer Pepe y María? ¿Van a jugar en el ordenador? (no, navegar por la Red)

echar al buzón
to post

(e) ¿Vas a escribir un correo electrónico, Jacinto? (no, echar una carta al buzón)

Actividad 7.2

1 Listen to *Pista 23,* where people are talking about their plans for the immediate future. Then listen again and tick the time expression used in each question.

Escuche y marque con una cruz la expresión de tiempo correcta.

(a) ¿Qué va a hacer...

- (i) esta tarde? ❑
- (ii) este fin de semana? ❑
- (iii) esta semana? ❑

(b) ¿Qué vas a hacer...

- (i) la semana que viene? ❑
- (ii) este fin de semana? ❑
- (iii) mañana? ❑

(c) ¿Qué va a hacer...

- (i) ahora? ❑
- (ii) hoy? ❑
- (iii) esta noche? ❑

(d) ¿Qué vas a hacer...

- (i) mañana por la mañana? ❑
- (ii) mañana? ❑
- (iii) mañana por la tarde? ❑

(e) ¿Qué vas a hacer...

- (i) el fin de semana que viene? ❑
- (ii) en las vacaciones? ❑
- (iii) las próximas vacaciones? ❑

TIME EXPRESSIONS FOR THE NEAR FUTURE

Some of the most common expressions of this type are with *este/esta* ('this'), *próximo* ('next') or *que viene* ('next').

esta noche	las **próximas** vacaciones	el fin de semana **que viene**	ahora
esta semana	las **próximas** Navidades	la semana **que viene**	hoy
este verano		el mes **que viene**	mañana
estas vacaciones			mañana por la tarde

2 Listen to *Pista 23* again and complete the answers. Check them in the transcript.

Escuche y rellene los espacios en blanco.

(a) Voy a ir __________ .

(b) Voy a __________ .

(c) ¿Esta noche? Pues nada, (voy) a __________ .

(d) No lo sé. Voy a __________ .

(e) Ir a la playa, __________ y __________ .

3 Listen to *Pista 24* and do the exercise.

Escuche y participe.

Actividad 7.3

1 Isabel's friends are planning to go on holiday to Andalusia. They show her the advertisement opposite, about what to do and see in Tarifa, in the southern tip of Spain. Complete the list of activities.

Complete la lista de actividades.

> Actividades en Tarifa
>
> Avistar ballenas
>
> Hacer la ruta del vino
>
> ...

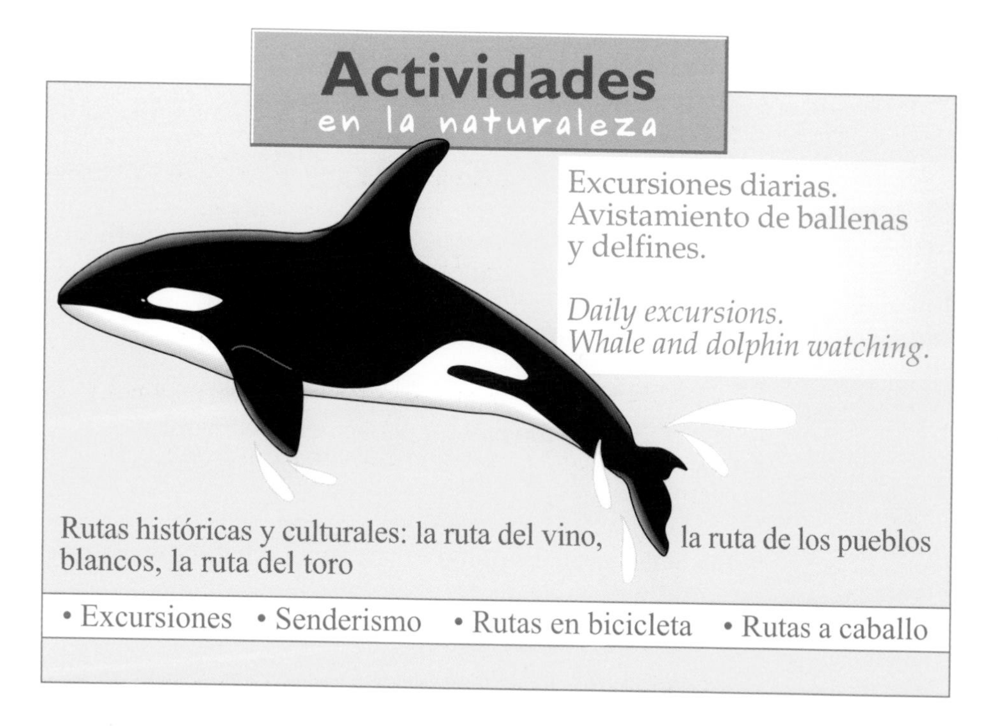

2 Imagine what her friends might do in Tarifa. Make sentences and record yourself. Pay special attention to the person of the verb you are using.

Grábese en su cinta.

You could start like this:

Los amigos de Isabel van a... / Juan y Pepe van a... / Chema va a... / María y Fernando van a...

3 Now it's your turn to talk about your own plans. Listen to *Pista 25* and reply as you wish.

Responda libremente.

Léxico básico

ahora	*now*
avistar ballenas	*to watch whales*
echar una carta (al buzón)	*to post a letter*
esquiar	*to ski*
fregar los platos	*to do the washing up*
hacer la ruta (de...)	*to do the (...) trail*
hacer senderismo	*to go hiking*
mañana	*tomorrow*
montar a caballo	*to ride a horse*
montar en bicicleta	*to ride a bicycle*
navegar por la Red	*to surf the Net*
pasarlo bien	*to have a good time*
preparar la comida	*to prepare a meal, to get a meal ready*

Sesión 8 ¿Has estado en Chiloé?

In this session you will find out about one of the southern regions in Chile and practise talking about things you have done.

Key learning points

- Saying whether you have ever done something or not
- Using the present perfect tense with expressions of frequency

Actividad 8.1

In this activity you are going to talk about what some of Patricio's friends have recently done.

SAYING WHETHER YOU HAVE EVER DONE SOMETHING OR NOT

The idea is expressed using the present perfect tense with expressions of frequency such as *alguna vez* ('ever'), *nunca/no ... nunca* ('never') and *una vez, dos veces*, etc. ('once', 'twice', etc.). Note that, unlike English usage, expressions of frequency never go between the auxiliary verb (*haber*) and the past participle.

¿Has estado **alguna vez** en Sevilla?

¿Has paseado **alguna vez** en un coche de caballos sevillano?

No, **no** he estado **nunca** en Andalucía.

He estado **tres veces** en la Patagonia.

In Spanish, a double negation is standard, e.g. *No he estado nunca en Andalucía*. Note that *nunca* can precede the verb, in which case the *no* is not needed: *Nunca he estado en Andalucía*.

1. Patricio has just received a postcard from his friends Lola and Tomás, who are on holiday in Andalusia. Read it and underline the expressions of frequency. The first has been done for you.

   Lea y subraye.

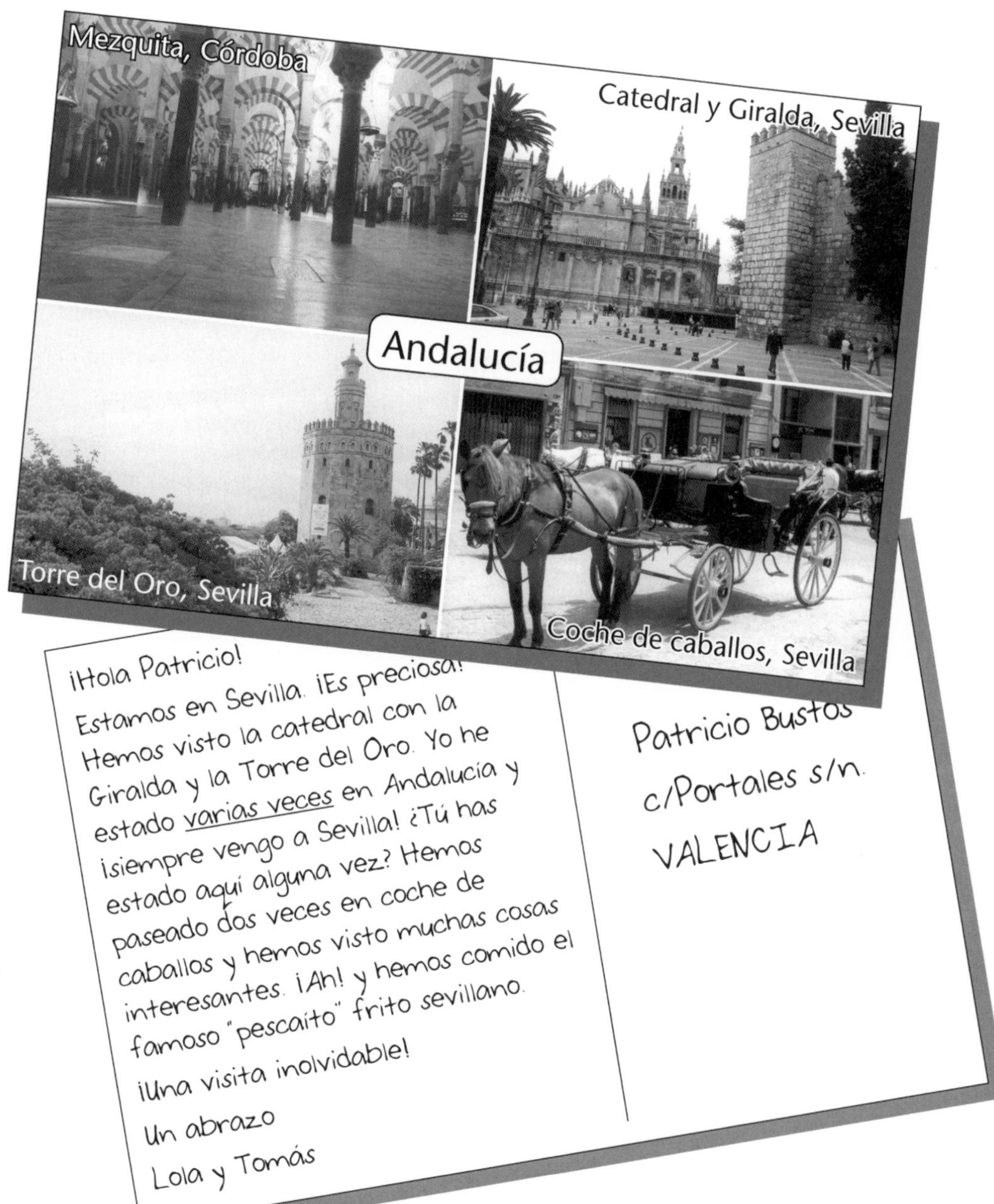

¡Hola Patricio!

Estamos en Sevilla. ¡Es preciosa! Hemos visto la catedral con la Giralda y la Torre del Oro. Yo he estado varias veces en Andalucía y ¡siempre vengo a Sevilla! ¿Tú has estado aquí alguna vez? Hemos paseado dos veces en coche de caballos y hemos visto muchas cosas interesantes. ¡Ah! y hemos comido el famoso "pescaíto" frito sevillano.

¡Una visita inolvidable!

Un abrazo

Lola y Tomás

Patricio Bustos
c/Portales s/n.
VALENCIA

"pescaíto" (pescadito) frito (el)
fried fish

coche de caballos (el)
horse-drawn carriage

2 Make notes and record yourself describing what Lola and Tomás have done in Seville.

Grábese en su cinta.

You could start with:

Lola y Tomás han estado en Sevilla...

Actividad 8.2

horno bajo tierra (el) *underground oven*

Ricardo, one of Patricio's colleagues, shows Patricio a page from a travel magazine about Chiloé in Chile, which a friend has sent with a letter.

1 Read it and answer the following questions.

Conteste las preguntas siguientes.

capilla (la) *chapel*

utensilios (los) *utensils*

tejidos de lana (los) *woollen fabrics*

isla (la) *island*

Chiloé

¿Qué ver en Chiloé?

Existen en Chiloé más de 150 iglesias y capillas íntegramente construidas en madera. Las iglesias de madera de Chiloé, junto a algunas existentes en Estados Unidos, Alemania y países escandinavos, se cuentan entre los pocos ejemplos en el mundo de arquitectura en madera del siglo XVIII. Nueve iglesias están declaradas monumento nacional.

¿De compras en Chiloé?

Está en el paraíso de la artesanía. Es fácil encontrar gran variedad de utensilios para la casa y decorativos hechos en madera y en piedra. Los tejidos de lana hechos a mano son también muy atractivos y frecuentes.

¿Qué comer en Chiloé?

Venir a nuestra región es tomar curanto, tradicionalmente cocinado en un horno bajo tierra.
La palabra curanto significa 'piedra caliente'.
Múltiples variedades: de pescado, de carne, ...

Ejemplo de iglesia construida en madera

(a) ¿Dónde está Chiloé?

(b) ¿Qué tipo de arquitectura es característica de esta región?

(c) ¿Qué plato es una especialidad de esta zona?

(d) ¿Por qué tiene este nombre?

(e) ¿Cuáles son los ingredientes principales?

volar
to fly

seguir el viaje
to continue the journey

barco (el)
boat

estancia (la)
stay

paisaje (el)
landscape

inolvidable
unforgettable

2 Here is part of the letter. Put the verbs in the right tense. The first has been done for you.

Rellene los espacios en blanco.

> ¡Hola Ricardo!
>
> He pasado (pasar) las vacaciones en el sur de Chile. (a) __________ (volar) a Puerto Montt desde Santiago y (b) __________ (seguir) mi viaje a Chiloé en barco. Mi estancia en la isla (c) __________ (ser) maravillosa. (d) __________ (comer) curanto varias veces y (e) __________ (ir) de compras en varios lugares y en los mercados de artesanía (f) __________ (comprar) muchos utensilios y algunos tejidos de lana para la casa. El paisaje es inolvidable y la arquitectura muy original. (g) __________ (ver) las iglesias de madera. (h) __________ (hacer) el viaje de vuelta a Puerto Montt en barco otra vez y…

Actividad 8.3

1 On his way to work Patricio meets a group of market researchers working on a survey on the relative popularity of two tourist destinations in the area. Read their results. Which of them is the most popular today?

Lea y diga cuál es el lugar más popular entre los entrevistados esa mañana.

Frecuencia	¿Ha estado alguna vez en Benidorm?	¿Ha estado alguna vez en La Albufera?
Nunca	卌	//
Una vez	卌 卌 //	卌 卌 //
Dos veces	卌 卌 卌	卌 卌 卌 ///
Tres veces	卌 卌	卌 卌 卌 卌
Todos los fines de semana	//	卌
Todas las vacaciones	卌	卌

2 Now answer some questions yourself about tourist destinations in Spain. Listen to *Pista 26* and do the exercise.

Escuche y participe.

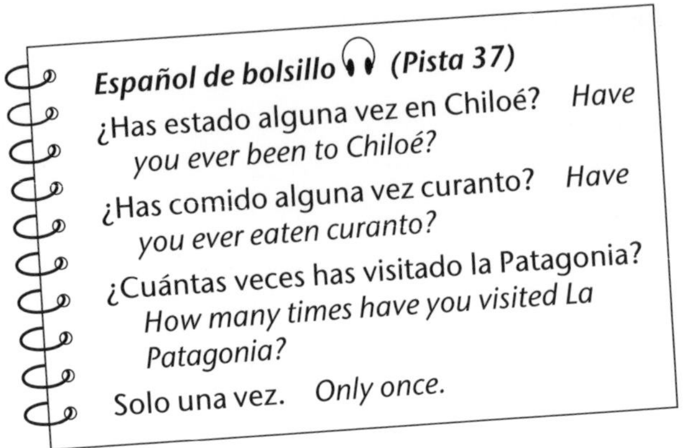

En pocas palabras

1 Put the following words into meaningful pairs.

Empareje.

sed • suma • cortar • postre • tapa • helado • aceitunas • agua • calculadora • cuchillo

Ejemplo

sed – agua

2 Using the word associations from step 1, write phrases saying what you might think and what you might say in a given situation.

Escriba.

Ejemplo

Diario hablado

1 A frequent topic of conversation is places visited. Think of three places you have been to on holiday. Make notes about how many times you have been to each place and add some commentary about it (e.g. description of the place, the weather, etc.).

Apuntes sus ideas.

Ejemplo

Madrid dos veces. Muy interesante. Monumentos. Calor en verano.

2 Practise talking about your visits using your notes. When you feel confident enough record yourself without using your notes. Try to visualize the places.

Grábese en su cinta.

Ejemplo

He estado dos veces en Madrid. Es una ciudad muy interesante. Tiene muchos monumentos importantes. En verano hace mucho calor.

Léxico básico

artesanía (la)	*crafts*	paisaje (el)	*landscape*
capilla (la)	*chapel*	pasar las vacaciones	*to spend the holidays*
coche de caballos (el)	*(horse-drawn) carriage*	seguir el viaje	*to continue the journey*
estancia (la)	*stay*	tejidos (los)	*fabrics*
inolvidable	*unforgettable*	utensilios (los)	*utensils*
mezquita (la)	*mosque*	volar	*to fly*
monumento nacional (el)	*national heritage site*		

Repaso

This session is designed to help you revise the language that you have learned so far in this unit.

EL CANCIONERO

caminar
to walk
patitas (las)
legs
se metió
he went in
hormiguero (el)
ant hill
hormigas (las)
ants
comieron
they ate

1 Go to the transcript of *Pista 27* and read the words of the popular Mexican song, *La cucaracha.* Then answer the following questions in English.

Lea y conteste en inglés.

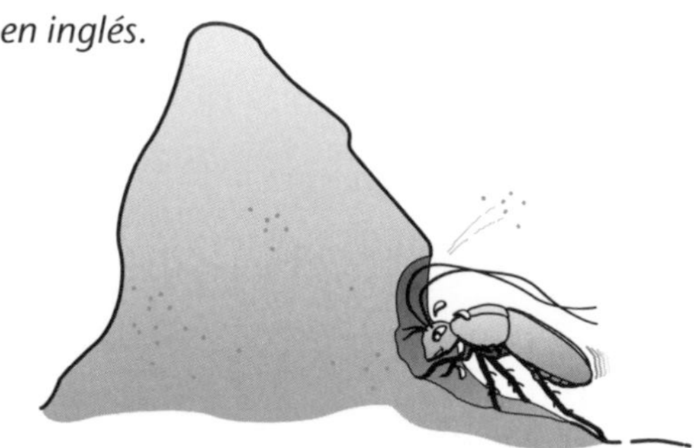

(a) What is the poor little cockroach's problem?

(b) Which two legs is it missing?

(c) Where did it go?

(d) What did the naughty ants do?

EL CURIOSO ORIGEN DE LA CANCIÓN

La cucaracha se asocia con Pancho Villa, el famoso general de la Revolución Mexicana (1910–1920). Pancho tiene un coche negro (del mismo color que las cucarachas) pero los revolucionarios no tienen gasolina para el coche. Así la cucaracha (el coche) ya no puede caminar.

2 Listen to the song on *Pista 27* and follow it in the transcript, paying attention to the sounds /p/, /t/ and /k/.

Escuche y lea.

3 Listen to the song again while reading the transcript. Sing along if you wish.

Lea y cante si lo desea.

EL CÓMIC

Look at this comic strip and complete the gaps as appropriate.

Observe y rellene los espacios en blanco.

¡CUÁNTO!

1 You are in La Rosa and have just got the bill. You think it is too much. Look at the menu in *Actividad 2.2* and decide whether the total is correct.

Mire y decida.

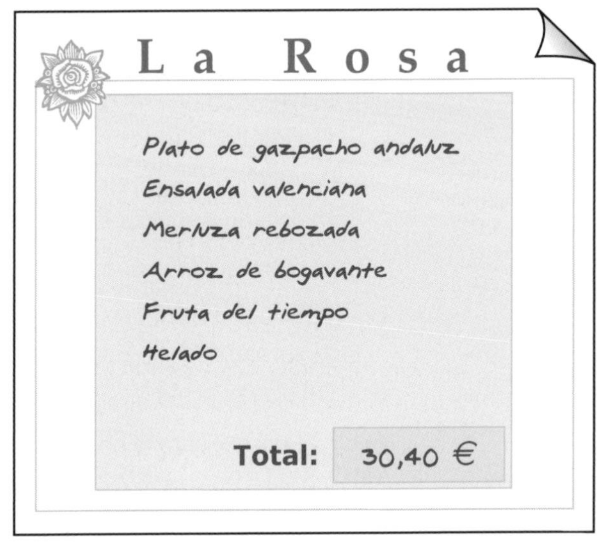

2 Now you have worked out the bill, which of the following phrases could you use when talking to the waiter?

Lea y decida.

(a) Aquí tiene.

(b) La cuenta no está bien.

revisar
to check

(c) ¿Puede revisar la cuenta?

(d) Creo que el total es menos.

(e) Todo muy bueno. Muchas gracias.

3 Find five names of drinks in the following wordsearch puzzle.

Busque las bebidas en la sopa de letras.

D	F	J	G	H	E	Y	W	U	Ñ
L	S	L	D	A	G	U	A	N	E
W	H	V	T	K	D	Y	H	K	G
I	U	I	J	R	M	N	N	H	F
S	F	N	C	T	J	Y	K	Y	T
Ñ	P	O	A	Y	U	E	M	B	S
R	E	U	F	S	I	T	G	K	U
Y	U	C	E	R	V	E	Z	A	E
S	D	H	R	K	Y	F	S	G	D
F	J	D	T	K	G	S	R	G	J

EL PEDANTE

Here are the transcripts of some conversations recorded in a restaurant. However, they have been incorrectly copied out. Read them and correct the mistakes. There is one mistake in each dialogue.

Corrija las faltas.

(a) – ¿Qué desean bebe?
– Para mí una cerveza.
– Para mí un vino tinto.

(b) – ¿Qué desean en postre?
– Para mí flan.
– Para mí helado.

(c) – ¿Qué va a tomar los señores?
– Yo de primero sopa.
– Y para mí de primero paella.

(d) – ¿Qué quiere de segundo las señoras?
– De segundo un filete con ensalada.
– Y yo pollo asado con patatas fritas.

MI GRAMÁTICA

1 Put the following present perfect forms in their correct place in the table. One of them has already been done for you. Do not look in the *Clave* until you have completed step 2.

Ponga los siguientes verbos en el lugar adecuado de la tabla.

ha sido • hemos roto • habéis visto • has hecho • han dicho • he escrito

	SER	DECIR	HACER	VER	ROMPER	ESCRIBIR
(yo)						
(tú)						
(él/ella/Ud.)	ha sido					
(nosotros, -as)						
(vosotros, -as)						
(ellos/ellas/ Uds.)						

2 Now complete the table with all the other persons of these verbs.

Complete la tabla.

UNA IMAGEN VALE MÁS QUE MIL PALABRAS

You recently travelled around Spain by train, starting out from Madrid. Look at your holiday snaps opposite, and answer the following questions about the trip.

Mire y responda.

(a) ¿Ha sacado muchas fotos durante su viaje?

(b) ¿Cómo ha viajado por España: en tren, en coche...?

(c) ¿Ha ido en tren a Bilbao?

(d) ¿Cuántas ciudades ha visitado?

(e) ¿En cuántos lugares de Andalucía ha estado?

(f) ¿Ha hecho alguna visita a las famosas bodegas de Jerez?

(g) En Sevilla ¿ha visto algún barrio histórico típico?

(h) ¿Ha visto algún monumento famoso de Santiago?

(i) En Barcelona ¿ha paseado por el Parque Güell?

Estación de Atocha, Madrid

Bodegas, Jerez de la Frontera

Estación de tren, Bilbao

El Parc Güell, Barcelona

La Plaza Mayor de Madrid

La judería, Sevilla

La catedral de Santiago de Compostela

DOCUMENTAL

placeres (los) *pleasures*
langosta (la) *lobster*
fideos (los) *noodles*
personas mayores (las) *elderly people*
realeza (la) *royalty*
paredes (las) *walls*
conejo (el) *rabbit*

Now it's time for another documentary in the series *En portada*. In this programme you are going to find out more about Valencian cuisine and one of the city's famous restaurants by the sea.

Listen to *Pista 28* and answer the following questions in English.

Escuche y responda en inglés.

(a) List some of the ingredients of the traditional dishes mentioned.

(b) What is the main ingredient in Valencian cooking?

(c) What is the favourite meal of the local people interviewed?

(d) What sort of a restaurant is La Rosa? When was it opened?

(e) Does it attract an international clientele? Mention three names.

(f) What is possible for clients dining indoors?

El mar visto desde el restaurante La Rosa

Sesión 10 ¡A prueba!

This session consists of a self-assessment test which will give you an idea of the progress you have made throughout this unit. You will find answers and explanations in the *Clave*.

Part A

Test your vocabulary

1 Look at the groups of words below. Cross the odd one out in each case.
Tache la palabra intrusa.

(a) vino • cerveza • agua • ron

(b) piña • naranja • manzana • whisky

(c) cebiche • pescado • filete de ternera • mejillones

(d) calamares • bogavante • cerdo • merluza

(e) helado • flan • tarta • tortilla

2 Choose the correct option.

Elija la opción correcta.

(a) He tomado un primero de arroz con bogavante estupendo porque me encanta...

(i) el marisco (ii) la verdura (iii) la ensalada

(b) Tengo sed.

(i) ¿Me das una taza de café? (ii) ¿Me das un vaso de agua? (iii) ¿Me das una taza de chocolate?

(c) Necesito coger el tren muy temprano.

(i) ¿Me dejas un teléfono móvil? (ii) ¿Me dejas un ordenador? (iii) ¿Me dejas un despertador?

(reloj) despertador (el) *alarm clock*

(d) Tengo que escribir una carta.

(i) ¿Me pone una tarta? (ii) ¿Me presta un boli? (iii) ¿Me trae una sopa?

(e) ¿Te gusta la fruta del tiempo? ¿Quieres...?

(i) melón (ii) jamón (iii) gazpacho

Test your grammar

1 Fill in the gaps with the correct form of the verb *ir a*.

Rellene los espacios en blanco.

Esta noche mis amigos y yo (a) __________ ir a un concierto de guitarra clásica. Y tú, Juan, ¿qué (b) __________ hacer? Pues yo no sé qué (c) __________ hacer esta noche pero mañana (d) __________ jugar al tenis con unos primos mexicanos. Ellos (e) __________ volver a Ciudad de México la semana que viene. Y vosotros, ¿qué (f) __________ hacer mañana?

2 Choose the right time expression from the box to complete the sentences in both dialogues. Use each expression only once.

Complete las frases.

muchas veces • alguna vez • nunca • una vez • dos veces • esta mañana

Dialogue 1

– ¿Qué has hecho (a) __________?

– He ido (b) __________ a Correos, la primera a echar una carta y la segunda a recoger un paquete.

Dialogue 2

– ¿Has estado (c) __________ en Montevideo?

– No, no he estado (d) __________ en Montevideo pero he ido (e) __________ a Argentina, he visitado muchas ciudades. Y tú, ¿has visitado España?

– Solo (f) __________ pero me gustaría volver.

3 Put the verbs into the appropriate form of the present perfect tense or *ir a*, according to the context and time expression.

Escriba el verbo en el tiempo correcto.

– ¿Qué (a) __________ hacer mañana, Tomás?

– No sé pero creo que (b) __________ ir a la piscina. Tengo que nadar con José y con Juan. Ellos (c) __________ practicado mucho todo el invierno y yo no (d) __________ practicado nada. Somos el equipo de natación local pero no (e) __________ nadado juntos antes. Mañana (f) __________ empezar el entrenamiento en serio. (g) __________ coordinar las horas de trabajo, las comidas y la natación. Creo que el equipo (h) __________ ganar.

equipo de natación (el) *swimming team*

ganar *to win*

Part B

Test your listening skills

Listen to the two groups of people on *Pista 29*, then answer the following questions about each dialogue in English.

Conteste en inglés.

(a) (i) Are these people in a restaurant or at home?

(ii) Who is asking for things?

(iii) What things are needed?

(iv) Where is the mother?

(b) (i) Where are these people?

(ii) How many people are asking for things?

(iii) What does the first customer order?

(iv) Why does he change his order?

(v) What is the waiter going to serve them?

Part C

Test your speaking skills

Now imagine you are in the following situations, and you have to ask for certain things. Record yourself.

Grábese en su cinta.

(a) You are having dinner at your friends' house. Ask for the following:

(i) a napkin; (ii) the pepper; (iii) the mustard; (iv) a knife.

(b) You are out having some drinks and snacks with friends. Order the following:

(i) a beer and some peanuts; (ii) a glass of red wine and a small portion of fried squid; (iii) an orange juice and a small portion of potato omelette.

(c) You are eating out with some friends. Order your meal.

(i) first course: vegetable soup; (ii) second course: hake in batter; (iii) dessert: crème caramel; (iv) mineral water and black coffee with a dash of milk.

Part D

Test your communication skills

1 Listen to Vicenta talking about her day on *Pista 30*. Then answer the following questions in Spanish.

Conteste las siguientes preguntas en español.

(a) ¿Qué día ha tenido Vicenta?

(b) ¿Qué ha hecho esta mañana?

(c) ¿Qué le ha pasado a mediodía?

(d) ¿Qué ha hecho esta tarde?

(e) ¿Qué ha hecho en casa?

2 Now write a paragraph about Vicenta's day, using your answers from step 1.
Escriba.

You can start like this:

Vicenta ha tenido...

3 What sort of a day have you had, a good one or a bad one? Record yourself talking about your day. Mention what you have done in the morning, afternoon and evening.
Grábese en su cinta.

Clave

Actividad 1.1

1 ¿**Qué** t**a**l?

N**o**s vem**o**s **e**n La Despensa.

T**o**mam**o**s **u**nas tap**a**s y l**ue**go n**o**s vam**o**s a un rest**aura**n**te**.

¿V**a**le? B**e**sos Pilar

2 (a) – (ii), (b) – (iii).

Actividad 1.2

1 (a) vino tinto, (b) refresco de naranja, (c) agua, (d) cerveza, (e) café, (f) Coca-Cola, (g) té, (h) zumo de piña.

2 Here is a possible answer:

Bebidas calientes: café, té.

Bebidas frías: cerveza, Coca-Cola, refresco de naranja, agua, zumo de piña.

Bebidas del tiempo: vino tinto.

3 The following drinks were mentioned: *cortado del tiempo*, *Fanta naranja (refresco de naranja)*, *horchata*, *zumo de pera*, *agua* (three times), *Coca-Cola* (twice), *café con leche*, *cerveza*. The most popular drink is water.

Actividad 1.3

1 (b) – (vii), (c) – (ii), (d) – (iii), (e) – (viii), (f) – (i), (g) – (v), (h) – (iv).

Actividad 1.4

(a) Margarita, Daiquiri and Pisco Sour contain lemon juice.

(b) They all contain alcohol.

(c) (i) Cuba: Daiquiri (*rum, produced in the West Indies, is a clue*); (ii) España: Carajillo (*the mention of Jerez, a town in southern Spain, is a clue*); (iii) Chile: Pisco Sour (*pisco is traditionally associated with the Andes*); (iv) México: Margarita (*tequila, a speciality of Mexico, is a clue*).

Actividad 2.1

(a) Probablemente entre las dos y las tres de la tarde. (*This is the usual time for lunch in Spain; note that the waiter also says* Buenas tardes.)

(b) Son dos (para comer).

(c) Van a almorzar (comer).

Actividad 2.2

1 (a) de segundo, (b) de primero, (c) de postre.

2 **Pescado y mariscos**: mejillones a las finas hierbas, calamares fritos, sopa de pescado, merluza rebozada, paella de marisco, arroz de bogavante.

Verdura: ensalada valenciana, sopa de verduras, plato de gazpacho andaluz, tortilla de patatas.

3 Here is a possible answer:

(a) De primero **ensalada valenciana** y de segundo **tortilla de patatas**.

(b) De primero **sopa de pescado** y de segundo **merluza rebozada**.

Actividad 2.3

1 **De primero:** ensalada y calamares; **de segundo:** paella de marisco y arroz de bogavante.

Actividad 3.1

1 Here is a possible answer: *la comida, el trabajo, la familia, el tráfico, el restaurante.*

2 The correct order is: *el tiempo, el restaurante, el tráfico, la comida, planes para más tarde.*

Actividad 3.2

1 Here is a possible answer:

(a) ¿Qué tal la familia?

(b) ¿Qué tal el trabajo?

(c) ¿Qué tal el tráfico?

2 Here is a possible answer: (a) ¡Qué tiempo!, ¿no? (b) ¡Qué plato tan original!, ¿no? (c) ¡Qué menú tan variado!, ¿no? (d) ¡Qué carta de vinos tan completa!, ¿verdad? (e) ¡Qué servicio tan rápido!, ¿no te parece?

4 Here is a possible answer:

(a) Sí, es verdad. Es muy buena.

(b) ¡No me digas! / ¿De verdad?

(c) ¡Terrible! / ¡No me digas!

(d) Sí, sí, es verdad. Es instantáneo.

(e) Sí, es verdad. Es muy buena.

Actividad 4.1

1 The following dishes are typical of Chile: *empanada de pino, cebiche, pastel de choclo, ensalada chilena, ensalada de porotos verdes, leche nevada, plátano en dulce.*

2 No. (The number of items on the bill is incorrect.)

3 (a) El total de la cuenta es $14.130.

(b) De primero hemos tomado dos ensaladas y una empanada.

(c) Sí, los primeros están bien.

(d) De segundo hemos tomado un cebiche y un pastel de choclo.

(e) No, los segundos no están bien. En la cuenta hay dos pasteles de choclo.

(f) En la cuenta hay tres postres y hemos tomado dos. Hay dos postres de leche nevada y hemos tomado solo un postre de leche nevada.

Actividad 4.2

1 (c) is the odd one out because the waiter asks about the meal. The others are to do with settling the bill.

2 (a) Sí, en el primer restaurante es posible pagar con tarjeta.

(b) No, en el segundo solo es posible pagar con cheque o en efectivo.

3 Here is a possible answer:

(a) ¿Me trae la cuenta, por favor? / ¿Me puede traer la cuenta? (*These expressions would be used in a more formal situation.*)

(b) ¿Me cobra? / ¿Cuánto es? (*Expressions generally used in more informal situations.*)

En pocas palabras

Dictionary skills

1

Palabra en inglés	Palabras en español
bill	cuenta, factura, billete
to charge	cobrar, acusar
card	tarjeta, carta
course	curso, plato, campo

2 The words underlined should be: *cuenta, cobrar, tarjeta, plato.*

3 (a) La policía **acusa** (*to charge*) a Pedro de robar un coche.

(b) Voy a pagar con **tarjeta** (*card*).

(c) Este hotel tiene un **campo** (*course*) de golf.

(d) Me gusta este juego de **cartas** (*cards*).

(e) Juan **cobra** (*to charge*) unos precios muy altos en el bar.

Vocabulary practice

The odd ones out are *paella* (*comidas*), *horchata* (*bebidas*), and *helado* (*comidas*).

Actividad 5.1

1 (c).

2 (b) he llegado, (c) he ido, (d) ha chocado, (e) ha golpeado, (f) ha resultado.

3 (b) ha visto, (c) ha hecho, (d) ha vuelto, (e) ha escrito.

Actividad 5.2

1 (a) Lo siento. He puesto demasiado pescado. Ha sido sin querer.

(b) Lo siento. He cortado las rosas. Ha sido sin querer.

(c) Perdona. Te he pisado. Ha sido sin querer.

(d) Lo siento. He cogido tu crema. Ha sido sin querer.

(e) Perdona. Te he empujado. Ha sido sin querer.

(f) Lo siento. He bebido tu cerveza. Ha sido sin querer.

Actividad 5.3

(a) he encontrado, (b) ha cantado, (c) ha dicho, (d) he encontrado, ha perdido, he visto, (e) ha bebido.

Actividad 6.1

(a) Con el cuchillo y el tenedor.

(b) Con la cuchara.

(c) El vaso.

(d) La copa.

(e) Sal, aceite y vinagre.

(f) Con la servilleta.

Actividad 6.2

1 The correct order is: (a), (c), (b).

3 (a) – (iii). (*No* is impolite, and *de nada* is the natural response to *gracias*.)

(b) – (i). (*Siempre* does not make sense, and *no, gracias* is a way of declining politely when offered something.)

(c) – (ii). (*No pasa nada* is used to put the listener at ease; *nunca* means 'never' and so would be very impolite here.)

(d) – (i). (*Ha sido sin querer* is a polite formula for an apology; *para nada* is a colloquial way of saying that you do not like something.)

(e) – (ii). (*No, no quiero* is just rude; *sí, gracias* is a natural way of accepting an offer.)

Actividad 6.3

1 (b) – (i), (c) – (ii), (d) – (iii), (e) – (vi), (f) – (v).

3 Here is a possible answer:

(a) ¿Me prestas una moneda?

(b) ¿Me dejas tu bolígrafo?

(c) ¿Me abres la puerta, por favor?

Espejo Cultural

Here are some possible answers:

1 (a) In Spain it is quite common to take either cakes or flowers when having a meal at a friend's house. A liqueur is a good choice in Colombia, and in Chile a bottle of wine, flowers or chocolates are also quite common.

(b) In Spain flowers or a book are two possibilities for a friend in hospital. In Colombia fruit such as grapes or apples are appreciated, since they are not common in the country. In Chile flowers, fruit and chocolates are also options.

(c) This would probably depend on circumstances, age and so forth. In Spain, at a children's birthday party, it would be quite normal for the child to ask out of excitement what the present is before opening it.

(d) Wedding lists are becoming very common both in Spain and Latin America. Otherwise it is quite common to give something for the house, either for decorative or practical purposes. It is not uncommon in Spain to put some money towards a bigger present, or towards something that the bride and groom deem useful or necessary – but only if the friendship is very close, where the subject could be discussed comfortably.

(e) Depending on the closeness of the relationship, either clothes, perfume or a small domestic appliance, especially a new gadget, would be possible options. Toys are quite common for children, and sometimes clothes as well.

2 Here are some possible answers:

(a) No, en Inglaterra no he llevado pasteles. En Inglaterra no suelo llevar pasteles. En España sí he llevado pasteles.

(b) Cuando estoy en España suelo llevar pasteles o helado. En Inglaterra suelo llevar una botella de vino o una caja de bombones.

(c) He llevado un libro, un periódico, flores, bombones.

(d) No, he regalado cuadros, lámparas, toallas, cosas para la casa de la lista de bodas. He regalado dinero a mi hermana para el viaje de bodas.

(e) Suelo regalar libros, música y objetos curiosos.

Actividad 7.1

1 (a) – (iii), (b) – (i), (c) – (ii).

2 (a) Pedro va a montar a caballo.

(b) Isabel va a ver una ceremonia tradicional.

(c) Chelo y Antonio van a tocar la guitarra.

(d) Ascensión y Marina van a leer el periódico.

(e) José y Fernando van a hacer deporte.

3 (a) No, voy a montar en bicicleta.

(b) No, vamos a leer una revista.

(c) No, vamos a ir al cine.

(d) No, van a navegar por la Red.

(e) No, voy a echar una carta al buzón.

Actividad 7.2

1 (a) – (ii), (b) – (ii), (c) – (iii), (d) – (ii), (e) – (ii).

Actividad 7.3

1 Here are some of the possible activities you may have chosen:

Avistamiento de ballenas (avistar ballenas).

Rutas históricas y culturales (hacer la ruta del vino, hacer la ruta de los pueblos blancos, hacer la ruta del toro).

Excursiones (hacer excursiones).

Senderismo (hacer senderismo).

Rutas en bicicleta (hacer rutas en bicicleta).

Rutas a caballo (hacer rutas a caballo).

2 Here is a possible answer:

Los amigos de Isabel van a hacer excursiones. Juan y Pepe van a avistar ballenas. Chema va a hacer la ruta del toro. María y Fernando van a hacer la ruta de los pueblos blancos.

Actividad 8.1

1 You should have underlined: *varias veces, siempre, alguna vez, dos veces*.

2 Here is a possible answer:

Lola y Tomás han estado en Sevilla. Han visto muchas cosas interesantes: la catedral y la Giralda. También han visto la Torre del Oro y han comido "pescaíto" frito sevillano. Han paseado en coche de caballos.

Actividad 8.2

1 (a) Chiloé está en el sur de Chile.

(b) La arquitectura en madera (iglesias y capillas).

(c) El curanto.

(d) Tiene este nombre porque se cocina en un horno bajo tierra y la palabra curanto significa "piedra caliente".

(e) Pescado o carne.

2 (a) he volado, (b) he seguido, (c) ha sido, (d) he comido, (e) he ido, (f) he comprado, (g) he visto, (h) he hecho.

Actividad 8.3

1 El lugar más popular es La Albufera.

En pocas palabras

1 suma – calculadora, cortar – cuchillo, postre – helado, tapa – aceitunas.

2 Here is a possible answer:

Tengo que hacer una suma muy larga. ¿Me dejas una calculadora?
Tengo que cortar la tarta. ¿Me das el cuchillo?
Me apetece un postre. Un helado, por favor.
Voy a tomar una tapa. ¡Oiga, camarero! ¿Me pone una tapa de aceitunas?

SESIÓN 9

EL CANCIONERO

1 (a) It can't walk (*ya no puede caminar*).

(b) It is missing both hind legs (*las dos patitas de atrás*).

(c) It went into an ant hill (*se metió en un hormiguero*).

(d) They ate its legs (*las hormigas traviesas las patitas le comieron*).

EL CÓMIC

(b) ¿Me **pasas la sal**? ¿Me **pasas el vino**?

(c) Y tú, ¿**me pasas** los auriculares?

¡CUÁNTO!

1 It is incorrect. (The correct total amount is: *veintitrés euros y setenta y cuatro céntimos* (23,74 _).)

2 You could use (b), (c) and/or (d).

3

D	F	J	G	H	E	Y	W	U	Ñ
L	S	L	D	**A**	**G**	**U**	**A**	N	E
W	H	**V**	T	K	D	Y	H	K	G
I	U	**I**	J	R	M	N	N	H	F
S	F	**N**	**C**	T	J	Y	K	Y	T
Ñ	P	**O**	**A**	Y	U	E	M	B	S
R	E	U	**F**	S	I	**T**	G	K	U
Y	U	**C**	**E**	**R**	**V**	**E**	**Z**	**A**	E
S	D	H	R	K	Y	F	S	G	D
F	J	D	T	K	G	S	R	G	J

EL PEDANTE

(a) ¿Qué desean bebe**r**? (*It must be an infinitive form.*)

(b) ¿Qué desean **de** postre? (*Preposition* de *in this expression.*)

(c) ¿Qué va**n** a tomar los señores? (*The verb must be plural to agree with* los señores.)

(d) ¿Qué quiere**n** de segundo las señoras? (*The verb must be plural to agree with* las señoras.)

MI GRAMÁTICA

	SER	DECIR	HACER	VER	ROMPER	ESCRIBIR
(yo)	he sido	he dicho	he hecho	he visto	he roto	he escrito
(tú)	has sido	has dicho	has hecho	has visto	has roto	has escrito
(él/ella/Ud.)	ha sido	ha dicho	ha hecho	ha visto	ha roto	ha escrito
(nosotros, -as)	hemos sido	hemos dicho	hemos hecho	hemos visto	hemos roto	hemos escrito
(vosotros, -as)	habéis sido	habéis dicho	habéis hecho	habéis visto	habéis roto	habéis escrito
(ellos/ellas/ Uds.)	han sido	han dicho	han hecho	han visto	han roto	han escrito

UNA IMAGEN VALE MÁS QUE MIL PALABRAS

(a) Sí, he sacado muchas.

(b) He viajado en tren.

(c) Sí.

(d) He visitado seis ciudades.

(e) He estado en dos ciudades de Andalucía, Jerez y Sevilla.

(f) Sí.

(g) Sí, he visto la judería.

(h) Sí, he visto la catedral.

(i) Sí.

DOCUMENTAL

(a) Some of the ingredients mentioned are: seafood (*marisco*), lobster (*langosta*), squid (*calamares*), rice (*arroz*), fish (*pescado*), noodles (*fideos*), vegetables (*verduras*), rabbit (*conejo*) and chicken (*pollo*).

(b) The main ingredient is rice.

(c) *Paella* is the clear favourite.

(d) It is a traditional restaurant, offering regional dishes, which was opened in 1925.

(e) Yes, it does. Three clients mentioned are Norman Foster, Umberto Eco and Jeremy Irons.

(f) Clients who dine indoors can watch the *paella* being prepared.

SESIÓN 10

Part A

Test your vocabulary

1 (a) agua. (*It is the only non-alcoholic drink.*)

(b) whisky. (*It is the only alcoholic drink.*)

(c) filete de ternera. (*It is the only meat; the rest are all fish or seafood.*)

(d) cerdo. (*It is also the only meat; the rest are all fish or seafood.*)

(e) tortilla. (*It is a savoury dish usually eaten as a first or second course; the rest are all desserts.*)

2 The correct options are:

(a) – (i). (*Bogavante* is seafood and the other two options are vegetables or salad.)

(b) – (ii). (Water would be a normal choice to quench thirst.)

(c) – (iii). (An alarm clock would be the most useful thing to get up early for a train.)

(d) – (ii). (A ballpoint pen would be used to write a letter.)

(e) – (i). (Melon is the only fruit mentioned.)

Test your grammar

1 (a) vamos a (mis amigos y yo = nosotros), (b) vas a (tú), (c) voy a (yo), (d) voy a (yo), (e) van a (ellos), (f) vais a (vosotros).

2 **Dialogue 1**: (a) esta mañana, (b) dos veces.

Dialogue 2: (c) alguna vez, (d) nunca, (e) muchas veces, (f) una vez.

3 (a) vas a (hacer), (b) voy a (ir), (c) han (practicado), (d) he (practicado), (e) hemos (nadado), (f) vamos a (empezar), (g) vamos a (coordinar), (h) va a (ganar).

Part B

Test your listening skills

(a) (i) They are at home.
(ii) The daughter.
(iii) Salt, oil and vinegar.
(iv) In the kitchen.

(b) (i) In a bar.
(ii) Two.
(iii) A red wine and a ham *tapa*.
(iv) Because there is no ham.
(v) A red wine and a cheese *tapa*, a beer and a portion of potato omelette.

Part C

Test your speaking skills

(a) (i) ¿Me pasas una servilleta?
(ii) ¿Me das la pimienta?
(iii) ¿Me pasas la mostaza?
(iv) ¿Me das un cuchillo?

(b) (i) ¿Me pone una cerveza y una tapa de cacahuetes?
(ii) ¿Me puede poner un tinto y una tapa de calamares?
(iii) ¿Me trae un zumo de naranja y una tapa de tortilla de patatas?

(c) (i) De primero sopa de verduras.
(ii) De segundo merluza rebozada.
(iii) De postre flan.
(iv) Agua mineral y un cortado (del tiempo).

Part D

Test your communication skills

1 (a) Ha tenido un día horrible.
(b) Ha llegado tarde a la oficina, ha derramado café en la mesa del jefe y ha roto la taza.
(c) Ha visto a su pareja con otra mujer.
(d) Ha ido al gimnasio y ha perdido su bolsa de deporte.
(e) Ha visto una película horrorosa, ha cenado sola, ha tomado café cinco veces y ahora no puede dormir.

2 Vicenta ha tenido un día horrible. Esta mañana ha llegado tarde a la oficina y ha derramado café en la mesa del jefe. Luego ha roto la taza. A mediodía ha visto a su pareja con otra mujer. Esta tarde ha ido al gimnasio pero ha perdido su bolsa de deporte. Por la noche en casa ha visto una película horrorosa y ha cenado sola. ¡Qué día tan horrible!

3 Here is a possible answer:

He tenido un día muy bueno. Esta mañana he desayunado café con tostadas y he estudiado toda la mañana. Por la tarde he ido a la piscina. Luego he vuelto a casa y he leído una novela. Esta tarde he salido al cine con un grupo de amigos y amigas, y después hemos cenado en un restaurante. Ahora estoy en casa y voy a dormir. ¡Qué día tan bueno!, ¿no te parece?

2

Días de fiesta

In this unit of *Portales* you will learn how to express best wishes on special occasions such as weddings and birthdays, you will travel around the world to famous festivities such as *las Fallas de Valencia* and *el Carnaval de Barranquilla* in Colombia, and you will find out about some popular dishes. You will also learn some key historical dates and talk about past events in your own life. Finally, you will get to talk about other things that have happened, such as accidents and injuries, and learn how to give detailed descriptions of objects.

OVERVIEW: DÍAS DE FIESTA

Session	Language points	Vocabulary
1 Así se hace una paella	• Describing a process • Using *se* + verb + noun (singular)	Cooking instructions and ingredients: *cocer, sofreír, el arroz*, etc.
2 Las Fallas de Valencia	• Describing the different stages of an event • Using *se* + verb + noun (plural)	Months of the year, and public celebrations: *marzo, celebrarse, exhibir*, etc.
3 Objetos perdidos	• Describing objects • Structures to describe colour, size and material	Clothing, jewellery and words for colour, size and material: *la chaqueta, el reloj, la lana*, etc.
4 El Carnaval de Barranquilla	• Describing what is happening now • Using the present progressive with irregular forms of the present participle	Carnivals and festivities: *el desfile, bailar, la banda*, etc.
5 ¿Qué hiciste ayer?	• Talking about what happened at a specific time in the past • Using the preterite (irregular forms) • Past time expressions used with the preterite	Talking about the past: *ayer, la semana pasada*, etc. Common irregular forms of the preterite: *hice, fui*, etc.
6 Felicitaciones	• Talking about family celebrations and special days of the year • Set expressions for wishing people well on these occasions	Special occasions: *el santo, el cumpleaños*, etc. Associated greetings: *¡Feliz santo!, ¡Felicidades!*, etc.
7 ¿Cuándo sucedió?	• Talking about historical events • Using the preterite tense (regular verbs)	Significant events: *descubrir, conquistar*, etc. Dates: *s. IV a.C.*, etc.
8 ¿Qué te pasó?	• Talking about what happened to you • Reflexive verbs in the preterite tense	Parts of the body: *el dedo, la mano, el hombro*, etc. Injuries and accidents: *caerse, romperse (la pierna)*, etc.
9 Repaso		
10 ¡A prueba!		

Cultural information	Language learning tips
Awareness of dishes associated with particular regions, e.g. *paella* (Valencia), *cebiche* (South America).	The importance of repetition in getting things right.
Bonfires, fireworks and candles in Hispanic celebrations. Origin of the *Fallas*.	
What happens at a famous Latin American carnival.	Using the dictionary to improve pronunciation. Noun–verb associations to help remember vocabulary.
	Finding irregular past forms of verbs in a dictionary.
Celebration of *el día del santo*. *Días de fiesta* in the Hispanic world.	
Historical events and dates in Hispanic history.	Significance of word stress in expressing meaning, e.g. the difference between *trabajo* and *trabajó*.
	Sequencing a narration.

Sesión 1 Así se hace una paella

In this session you will hear how *paella* is cooked, and also discover some popular dishes from Latin America.

Key learning points

- Describing a process
- Using *se* + verb + noun (singular)

Actividad 1.1

1 *Paella* is one of the most famous Spanish dishes, and you may even have tried it. Read the following statements about it and choose the correct option in each case.

Elija la opción correcta.

(a) La paella es un plato originario de...

(i) Bilbao (ii) Madrid (iii) Valencia

(b) Se caracteriza por su color...

(i) blanco (ii) azul (iii) amarillo

(c) El ingrediente principal es...

(i) la patata (ii) el arroz (iii) la pasta

2 Write the names of the ingredients in the box under the correct pictures. Check any words you do not know in the dictionary.

Escriba los ingredientes.

gamba • pollo • tomate • ajo • pimiento • azafrán • cebolla • judía verde • patata • aceite

(a) ________

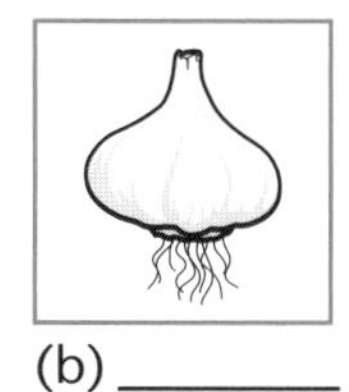

(b) ________

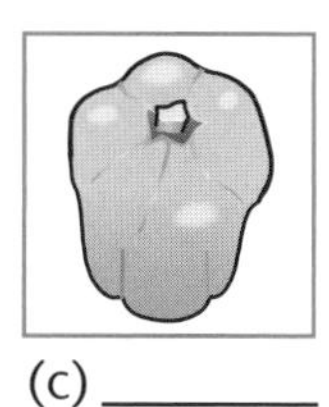

(c) ________

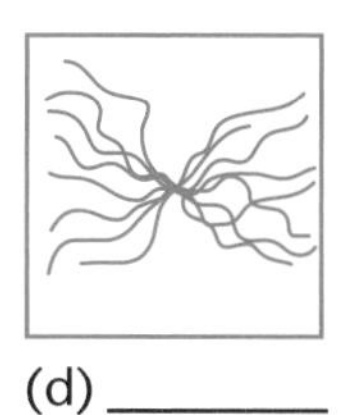

(d) ________

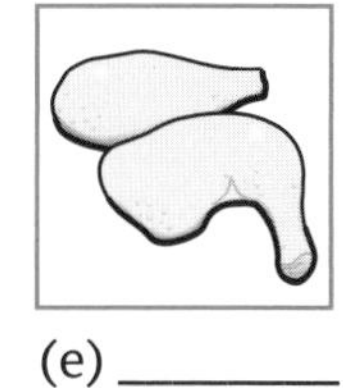

(e) ________

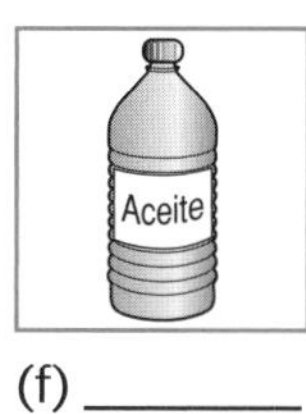

(f) ________

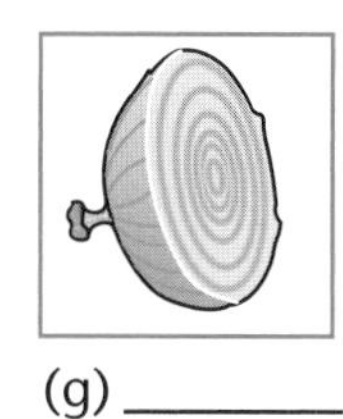

(g) ________

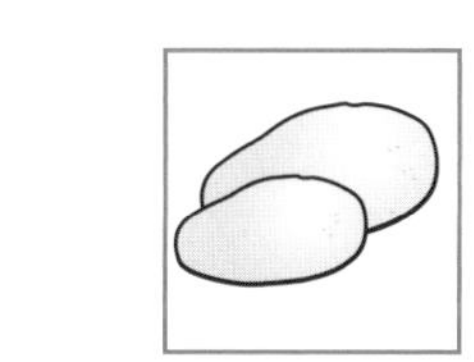

(h) ________

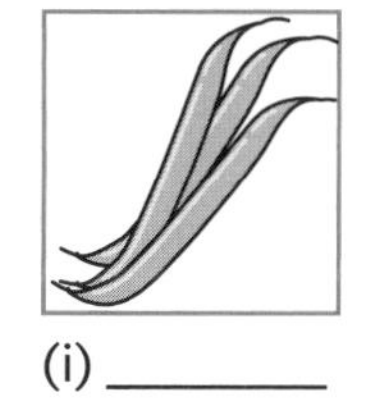

(i) ________

(j) ________

3 Listen to *Pista 38* in which Eduardo, a chef from Valencia, mentions the different types of *paella* and gives the ingredients for *paella valenciana*. Tick the ingredients he mentions, then check your answer in the transcript.

Marque con una cruz.

alubia (la) *haricot bean*

garrofón (el) *Valencian for alubia bean*

gamba	❑	garrofón	❑
pollo	❑	judía verde	❑
conejo	❑	patata	❑
tomate	❑	aceite	❑
ajo	❑	sal	❑
pimiento	❑	agua	❑
azafrán	❑	arroz	❑
cebolla	❑		

Actividad 1.2

You now know the ingredients for a *paella valenciana*. But how do they cook it in Valencia?

1 Look at the steps involved in cooking *paella valenciana* (they are not in the correct order). Match the verbs in the column on the left, which are in the third person, with their infinitives (and meanings in English) in the column on the right. The first has been done for you.

Enlace los verbos con el infinitivo.

(a) se cuece el arroz	(i) sofreír (*to fry gently*)
(b) se hierve el agua	(ii) verter (*to pour*)
(c) se sofríe el pollo y el conejo	(iii) cocer (*to boil*)
(d) se vierte el agua	(iv) echar (*to put in*)
(e) se añade el azafrán	(v) hervir (*to bring to the boil*)
(f) se echa la verdura	(vi) añadir (*to add*)

2 Now put these steps into the order you think they should be performed.
Ordene los pasos.

3 Listen to *Pista 39*, in which a chef from La Rosa describes how he makes *paella valenciana*. Which step from above does he **not** mention?
Escuche.

DESCRIBING A PROCESS

When describing a process or explaining how to do something, e.g. a recipe, the third person singular of the present tense is used with the pronoun *se*. Notice that, in English, the subject pronoun 'you' is used in an impersonal way to convey the same idea.

> Se cuece el arroz. (You cook the rice.)

To make the different steps of the process explicit, you can use connectors to help order your ideas, e.g. *primero* ('first'), *después* ('then'), *luego* ('later'), *por último* ('at the end'):

> Primero se asa la carne en el horno. (First you roast the meat in the oven.)
>
> Después se prepara la salsa con el jugo de la carne. (Then you prepare the gravy with the meat juices.)

Notice that some of the verbs used to describe the cooking process are radical changing verbs.

For more information, see *The Present Tense – Radical changing verbs in the present tense* in the grammar book.

remover
to stir

	-AR	-ER			-IR
	CALENTAR	**COCER**	**REMOVER**	**VERTER**	**SOFREÍR**
(yo)	caliento	cuezo	remuevo	vierto	sofrío
(tú)	calientas	cueces	remueves	viertes	sofríes
(él/ella/ Ud.)	calienta	cuece	remueve	vierte	sofríe

4 Here are some instructions for preparing *huevos rancheros*, a popular hot dish from Mexico. Fill in the gaps with the appropriate form of the verb. Remember that some verbs are radical changing. The first has been done for you.

Rellene los espacios en blanco.

Primero (a) se calienta (calentar) aceite en la sartén. Después (b) __________ (freír) un huevo, o dos, si usted tiene hambre. Luego (c) __________ (colocar) el huevo frito en un plato sobre una tortilla. Por último (d) __________ (echar) una salsa de tomate, chile y cebolla por encima. Y ya están listos para comer. Un plato muy rico, pero muy picante.

tortilla (la) (Mex)
savoury maize pancake

Actividad 1.3

lenguado (el)
sole

ají limo (el)
a type of chilli pepper

al gusto
to taste

en trozos
in pieces

fuente (la)
large dish or bowl

puñado (el)
handful

con cuidado
carefully

picado
finely chopped

exprimir
to squeeze

gozar
to enjoy

In this activity you are going to learn how to prepare *cebiche*, a very popular dish throughout South America.

1 Read the recipe.

Lea la receta.

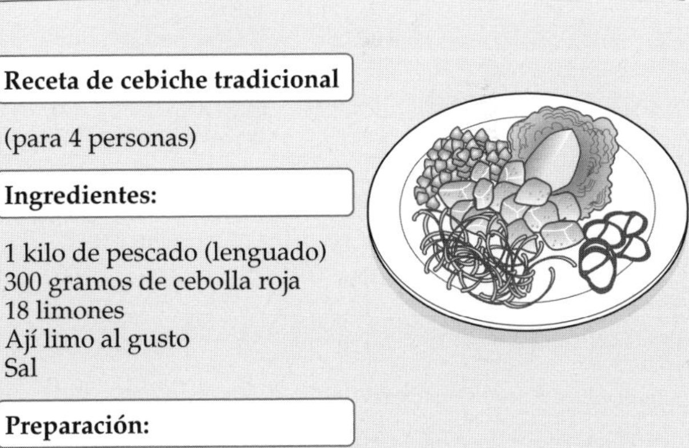

Receta de cebiche tradicional

(para 4 personas)

Ingredientes:

1 kilo de pescado (lenguado)
300 gramos de cebolla roja
18 limones
Ají limo al gusto
Sal

Preparación:

Colocar el pescado cortado en trozos en una fuente. Pelar y cortar la cebolla. En la fuente lavar el pescado junto con la cebolla cortada muy fina. Echar un buen puñado de sal y remover con la mano. Añadir con mucho cuidado ají limo picado, exprimir jugo de limón y listo, a gozar.

10

Note that the infinitive is used to give general instructions, particularly in the written language.

2 Now it's your turn to explain how to prepare this popular dish. Listen to *Pista 40,* where you will take part in a radio cookery programme, and explain, following the prompts.

Escuche y explique según las indicaciones.

3 Now demonstrate your flair for cooking! Write the name of your favourite dish (in Spanish if possible) and explain how to cook it. Mention at least three things you need to do to prepare your recipe.

Explique cómo se prepara su receta.

Actividad 1.4

PAELLA

The word *paella* in Valencia refers both to the rice dish and to the pan it is cooked in. In the rest of Spain the dish is referred to as *paella* and the pan as a *paellera.*

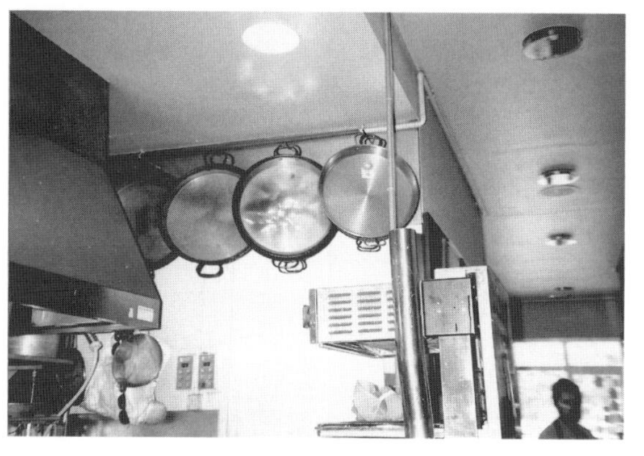

sartén (la)
frying pan
asas (las)
handles
acero inoxidable (el)
stainless steel

Listen to *Pista 41,* where you will hear part of the recording session. The members of our team seem to be having problems with the recording. What is the problem? What are they talking about? Choose from the following options.

Elija la opción adecuada.

(a) ¿Cuál es el problema técnico?

 (i) mucho vino

 (ii) mucho ruido

 (iii) mucha comida

(b) ¿Cuál es la pregunta?

 (i) sobre los ingredientes de la paella

 (ii) sobre la sartén que se utiliza

 (iii) sobre la forma de la sartén

(c) ¿Cuántas veces hace la pregunta?

(i) tres veces

(ii) cuatro veces

(iii) seis veces

When you speak into your blank tape, you probably have to repeat things a few times to get them right. As you can see, even native speakers sometimes need to repeat a lot. You are not alone!

Léxico básico

añadir	*to add*
asar	*to roast*
cocer	*to cook, to boil*
echar	*to put in*
exprimir	*to squeeze*
freír	*to fry*
hervir	*to bring (water) to the boil*
huevos (los)	*eggs*
pelar	*to peel*
receta (la)	*recipe*
sofreír	*to fry gently*
verdura (la)	*vegetables*
verter	*to pour*

Sesión 2 Las Fallas de Valencia

In this session you will learn about *las Fallas*, one of the major annual festivals in Valencia. You will also practise describing the main stages of an event.

Key learning points

- Describing the different stages of an event
- Using *se* + verb + noun (plural)

Actividad 2.1

ORIGIN OF THE *FALLAS*

In the Hispanic world there are many celebrations that have fire as the main protagonist, in the form of bonfires, fireworks or candles. One of the best known in Spain is *La Nit del Foc* (*La Noche del Fuego*) in Valencia, when specially-constructed figures called *fallas*, or *ninots*, are burned. The origin of these *fallas* goes back to at least the Middle Ages, but according to tradition, in their present form they date back to the 18th century: when spring arrived and the days became longer, craftsmen burned the wooden hangers on which they had perched the lamps they had used throughout the winter. Over time these hangers evolved into the present day *ninots*.

Evolución del *ninot* de la falla a partir de las perchas de los carpinteros del siglo XVIII (*Illustration after Soler Godes, from* Así son las Fallas, *Bayarri Comunicación SL, Valencia*)

armazón (el) de madera
wooden frame

1 The main stages in the preparation and celebration of the *Fallas* are shown in the drawings opposite. Can you put them in the right sequence?

Ordene las fases.

2 Read the captions to the pictures in step 1 and underline the verbs preceded by *se* that you find. Why do you think some are in the singular and some in the plural? Read the following explanation for the answer.

Subraye y piense.

DESCRIBING THE DIFFERENT S TAGES OF AN EVENT

As with any process, to talk about the different stages of an event you can use the third person of the verb in the present tense preceded by the pronoun *se*. The verb must agree in number with the noun that follows.

se + verb (third person present **singular**) + noun in the **singular**:

Primero **se prepara la celebración** durante muchos meses.

Después **se monta el armazón** de madera.

se + verb (third person present **plural**) + noun in the **plural**:

Luego **se celebran Las Fallas** durante una semana.

Por último **se queman las fallas** en una noche.

Notice that, in English, the passive voice is used when describing a process more formally, as with the stages of an event:

First, many months are spent preparing for the celebration.
Next, the wooden frame is erected. Then a whole week is spent celebrating the *Fallas*. Finally the figures are burnt in a single night.

(a) Se queman las fallas.

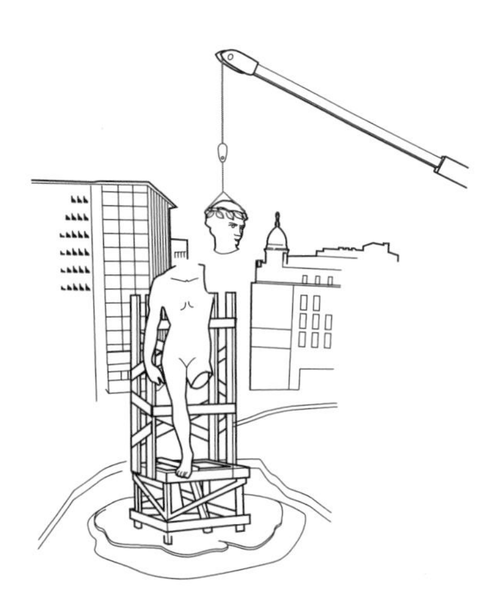

(b) Se colocan las figuras en el armazón de madera.

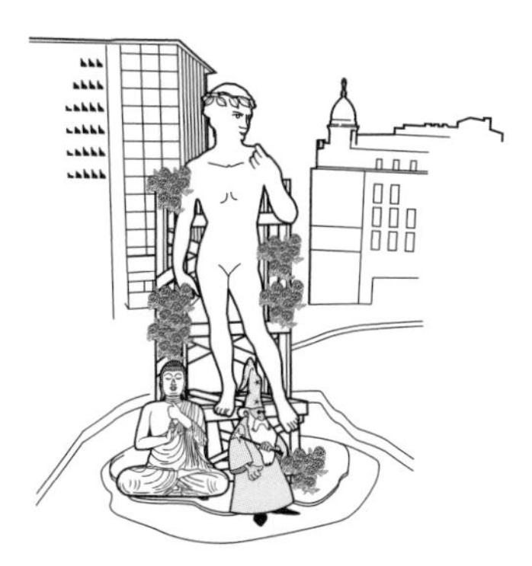

(c) Se exhibe al público el monumento fallero.

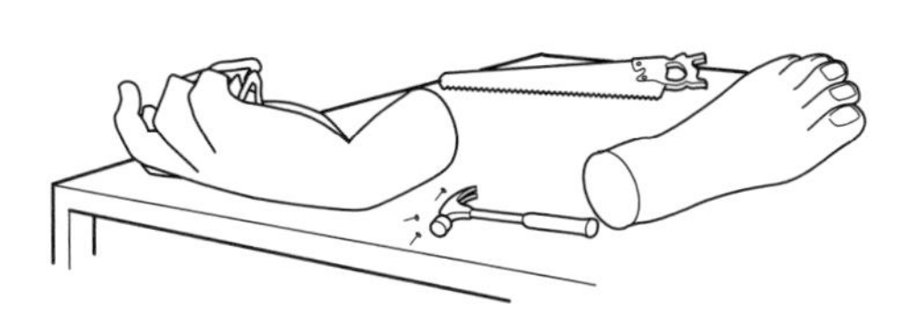

(d) Se hacen las figuras de la falla en el taller.

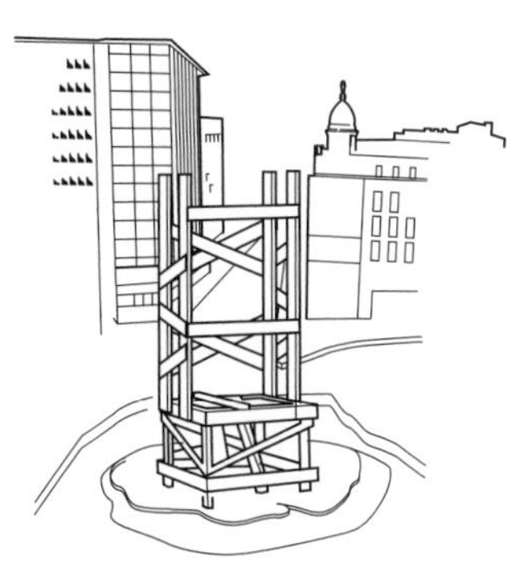

(e) Se monta el armazón de madera en las calles.

Actividad 2.2

Imagine you are making plans to go to Valencia to watch the *Fallas*. You don't yet know if you are going on your own or with a friend. Below is an outline of your plans: put the verbs into their correct form and then convert the sentences to the plural form (just in case your friend goes with you in the end!).

Complete las frases con el verbo apropiado.

Ejemplo

Primero se compra (comprar) el billete de avión.

Primero se compran los billetes de avión.

(a) Luego __________ (reservar) la habitación en un hotel.

(b) Después __________ (hacer) la maleta.

(c) También __________ (comprar) un diccionario de español.

Actividad 2.3 

la presentación de la fallera mayor *official presentation of the Fallas representative*

1 Here are some of the events that take place during the year to prepare for the elaborate celebration of the *Fallas*. Link each of them to the month in which you think they take place. One has been done for you.

Enlace los acontecimientos con el mes.

(a) Se contrata al artista fallero.	(i) en noviembre
(b) Se celebran las Fallas.	(ii) en junio
(c) Se ve parte del monumento fallero.	(iii) en febrero
(d) Se hace la presentación de la fallera mayor.	(iv) en marzo
(e) Se elige a la fallera mayor.	(v) en abril

Presentación de la fallera mayor en febrero

asociación fallera (la)
a group of people who organise a falla

artista fallero (el)
the craftsman/ sculptor-painter specializing in fallas

monumento fallero (el)
the falla *itself*

fallera mayor (la)
official representative of the Fallas *in Valencia*

pertenecer
to belong

tamaño (el)
size

altura (la)
height

muñeca (la)
doll

figurativo
figurative, representational

2 Patricio is intrigued by these celebrations. He is at the Asociación Fallera del Pilar and overhears an interview with a member of the association about the preparations for the event. Listen to *Pista 42* and check if the information they give coincides with your predictions in step 1.

Escuche y compruebe.

Actividad 2.4 

Every year one of the *fallas* is given a reprieve from the fire and is instead placed in a museum in Valencia.

Listen to *Pista 43* to find out about the *ninots* in the museum. Then say whether the following statements are true or false.

¿Verdadero o falso?

	Verdadero	Falso
(a) Están en el Museo del Artista Fallero.	❑	❑
(b) Un *ninot* es una figura que pertenece a una falla.	❑	❑
(c) Los *ninots* suelen tener un tamaño pequeño, de la altura de una muñeca.	❑	❑
(d) Hay dos estilos de *ninot*.	❑	❑
(e) En la entrevista hablan de un *ninot* tipo caricatura.	❑	❑

***Ninot* estilo caricatura**

Actividad 2.5

What are the biggest celebrations in your town, region or country? Write 30–35 words in Spanish describing the stages.

Describa una celebración importante en su ciudad, región o país.

Léxico básico

caricatura (la)	*cartoon*
celebrarse	*to celebrate, to take place*
colocar	*to place*
contratar	*to contract*
exhibir	*to put on show, to exhibit*
montar	*to put together, to assemble*
quemar	*to burn*
realista	*realist*

Sesión 3 Objetos perdidos

It is the week after the *Fallas* and many people have lost things during the *Semana Fallera*, including Patricio. In this session you will visit the Lost Property Office *(Oficina de objetos perdidos)* and practise describing objects.

Key learning points

- Describing objects
- Structures to describe colour, size and material

Actividad 3.1

1 Look at the list on the notice board in the Lost Property Office for the *Fallas* week (opposite, top). Underline the objects that these people are looking for.

Subraye.

2 The objects on the list are described using some common categories, as in the table below. List the objects and complete the table.

Complete la tabla.

Objeto	Color	Tamaño	Material
mochila	...	...	...

3 The list (opposite, bottom) contains some common descriptive adjectives for colours and sizes, plus nouns for common materials. Put them into the three categories listed, as appropriate. Use the dictionary if you wish.

Agrupe las palabras.

Color	Tamaño	Material
...	...	...

mochila (la)
rucksack

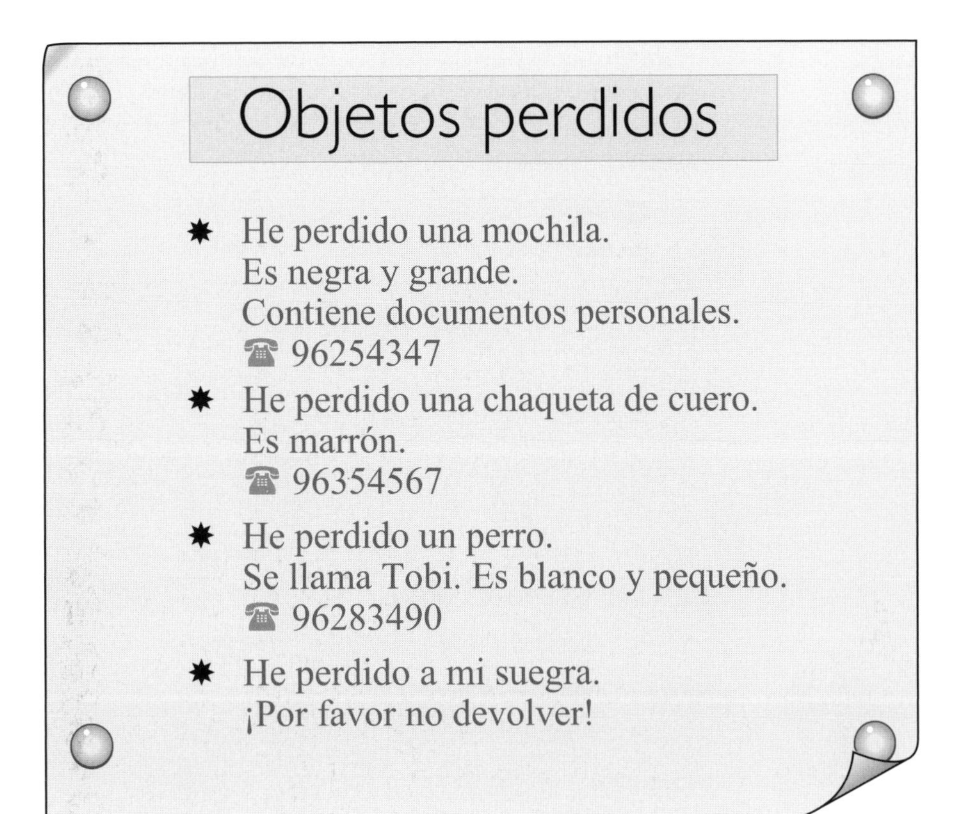

4 Here are some objects that could be described using some of the words from step 3. Choose those words that you think could fit a description of each.

Escriba las palabras adecuadas.

Ejemplo

Collar: perlas...

Actividad 3.2

DESCRIBING OBJECTS

Use the following structures to describe objects:

Tamaño: 'ser + adjetivo'

La bufanda es grande. El reloj es pequeño.

Color: 'ser + adjetivo'/ 'ser + de color + adjetivo'

La pulsera es marrón. Los guantes son amarillos. El gorro es naranja. La chaqueta es de color blanco.

Material: 'ser + de + sustantivo'

La pulsera es de madera. Las chaquetas son de cuero.

During the *Semana Fallera* you lost several items. Report them to the Lost Property Office. Write notes, then record yourself on your blank cassette. Use the objects in step 4 of *Actividad 3.1* to help you.

Informe a la Oficina de objetos perdidos. Escriba notas, luego grábese en su cinta.

Ejemplos

He perdido una bufanda de seda. Es azul.

He perdido unos guantes negros.

He perdido unos guantes de lana. Son de color negro.

hace dos días
two days ago

cartera (la)
wallet

¡Qué mala suerte!
What bad luck!

Actividad 3.3

1 Listen to *Pista 44* in which an attendant at the Lost Property Office phones someone who has lost a rucksack. Is the item she has the same one that this person has lost? Explain how you know. Answer in English.

Escuche y conteste en inglés.

2 Listen to *Pista 44* again and tick the questions the attendant asks.

Escuche y marque con una cruz.

(a) ¿Qué ha perdido usted? ❑

(b) ¿Ha perdido usted algo? ❑

(c) ¿Cómo es? ❑

(d) ¿De qué color es? ❑

(e) ¿Es grande? ❑

(f) ¿Qué tamaño tiene? ❑

(g) ¿Es de cuero? ❑

(h) ¿De qué es? ❑

(i) ¿Qué contiene? ❑

3 Now you are at the Lost Property Office. Listen to *Pista 45* and answer the attendant's questions.

Conteste según las indicaciones.

***Español de bolsillo* (Pista 66)**

¿Cómo es? *What is it like?*
Es grande y rojo. *It is large and red.*
¿De qué color es? *What colour is it?*
Es rojo. *It is red.*
¿Qué tamaño tiene? *What size is it?*
Es muy grande. *It is very big.*
¿De qué es? *What is it made of?*
¿De qué material es? *What is it made of?*
Es de plástico. *It is (made of) plastic.*

4 Listen to *Pista 46* and do the exercise.

Escuche y participe.

Actividad 3.4

1 Patricio has lost his rucksack and his 'talking cushion', a funny little orange leather cushion he got as a present last year. He is at the Lost Property Office. The attendant asks him to fill in the form overleaf. Complete it for him.

Rellene el formulario.

Reclamación de objetos perdidos

Nombre de la persona que reclama el objeto perdido: *Patricio Bustos Guzmán*

Objeto: *Cojín parlante*

Descripción del objeto (color, tamaño, material):

Fecha: *22 de marzo*

Firma: *P. Bustos*

2 The attendant reads the form, goes into the storage room and returns with the talking cushion. He asks Patricio if he can prove it belongs to him. Patricio squeezes it to make it play a recorded message. Listen to the message on *Pista 47* and write down what the cushion says. Then check in the transcript.

Escriba el mensaje del cojín parlante.

3 Now YOU are the talking cushion! Record a message for Patricio, trying to imitate the cushion's voice.

Grábese en su cinta.

Léxico básico

acero inoxidable (el)	*stainless steel*
algodón (el)	*cotton*
cojín (el)	*cushion*
collar (el)	*necklace*
cuero (el)	*leather*
gorra (la)	*cap*
gorro (el)	*hat (soft brimless)*
lana (la)	*wool*
material (el)	*material*
mochila (la)	*rucksack*
objeto perdido (el)	*lost item*
oro (el)	*gold*
perlas (las)	*pearls*
plata (la)	*silver*
reloj (el)	*watch*
seda (la)	*silk*

Sesión 4 El Carnaval de Barranquilla

In this session you will visit Colombia and find out about the famous Barranquilla Carnival, while revising how to describe an ongoing action.

Key learning points

- Describing what is happening now
- Using the present progressive with irregular forms of the present participle

Actividad 4.1

Isabel is visiting Colombia to see the famous Barranquilla Carnival for herself.

Read the leaflet opposite about the carnival and say whether the following statements are true or false.

¿Verdadero o falso?

- Venga a gozar de 96 horas de disfraces, bailes, canciones y orquestas
- Barranquilla le invita a ver y a participar en los eventos de los cuatro días más grandes: Sábado, Domingo, Lunes y Martes de Carnaval en Barranquilla
- Venga a la cita con los grandes desfiles: La Batalla de las Flores, La Gran Parada de Tradición y Folclor
- Espectacular, colorista, declarado Patrimonio Cultural de Colombia
- Con la música y el baile: El Festival de Orquestas y Acordeones, El Festival de Danzas
- Más de un millón de barranquilleros le espera

Venga a gozar. *Come and enjoy.*
disfraces (los) *fancy dress costumes*
Venga a la cita. *Come and meet.*
desfile (el) *parade*
barranquilleros (los) *people from Barranquilla*

	Verdadero	Falso
(a) Barranquilla es una ciudad caribeña.	❑	❑
(b) El último día grande del carnaval es el Martes de Carnaval.	❑	❑
(c) Se ven muchos disfraces en el carnaval.	❑	❑
(d) No hay desfiles en el carnaval.	❑	❑
(e) En el carnaval hay mucha música y mucho baile.	❑	❑
(f) El carnaval no tiene folclor tradicional.	❑	❑

Actividad 4.2

Isabel is chatting online to a friend in Spain.

1 Read what she says and underline the verbs in the present progressive. What is she telling him? Answer in English.

Lea, subraye y conteste en inglés.

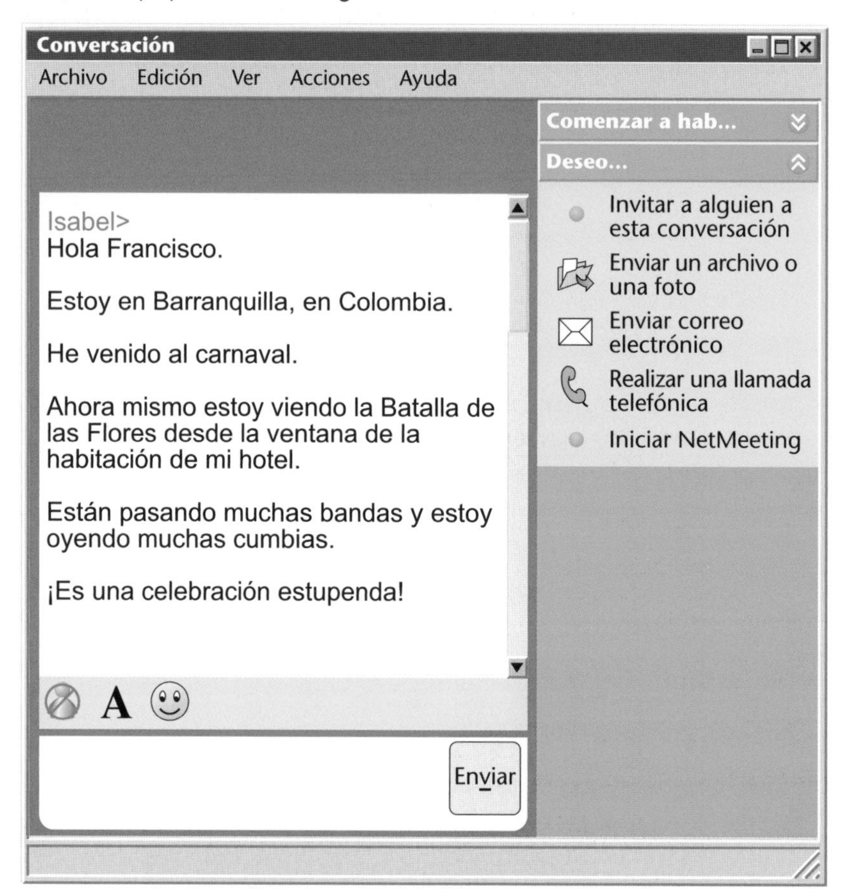

PRESENT PROGRESSIVE WITH IRREGULAR PRESENT PARTICIPLES (SPANISH *GERUNDIO*)

The present progressive is used to describe what is happening now. As you have seen, it is formed with *estar* and the present participle of the verb (e.g. *está cantando*). Here are some examples of verbs which have irregular forms of the present participle:

Los niños están **pidiendo** chocolate.

Juan está **leyendo** un libro.

huir
to flee

cumbias, salsas y merengues
popular Latin American dances

lo dejamos para otro día
we'll leave it for another day

diálogo de besugos (el)
a conversation at cross purposes

IRREGULAR PRESENT PARTICIPLES OF RADICAL CHANGING VERBS (SPANISH *GERUNDIO*)

Radical changing verbs ending in *-er*/*-ir* show the stem change in the present participle:

pedir - p**i**diendo   dormir – d**u**rmiendo   reír – r**ie**ndo   sonreír – sonr**ie**ndo

PRESENT PARTICIPLES WITH A SPELLING CHANGE (SPANISH *GERUNDIO*)

Some verbs in *-er* and *-ir* have a spelling change in the present participle.

The ending *-iendo* is written *-yendo* when it follows another vowel or when the word would start with the letter *i*, as in the case of the verb *ir*.

caer → cayendo (ca- + -iendo)
leer → leyendo (le- + -iendo)
ir → yendo
oír → oyendo (o- + -iendo)
construir → construyendo (constru- + -iendo)
huir → huyendo (hu- + -iendo)

2 Look at this extract from Isabel and Francisco's chat. Isabel's first message got scrambled and did not come over clearly on Francisco's screen. Put the verbs into the correct form of the present participle. Some are regular and some are irregular. The first has been done for you.

Rellene los espacios en blanco.

Francisco > ¿Dónde estás, Isabel? ¿Qué ciudad (a) estás visitando (visitar), Marquilla?

Isabel > No, Barranquilla, Colombia.

Francisco > Dices que (b) estás __________ (construir) un hospital?

Isabel > No, (c) estoy __________ (ver) un carnaval.

Francisco > ¿Dices que (d) estás __________ (huir) de las flores de tu ventana? ¿Tienes alergia?

Isabel > No, Francisco. Digo que desde mi ventana (e) estoy __________ (ver) un desfile que se llama La Batalla de las Flores.

Francisco > ¿Y (f) estás __________ (oír) pájaros?

Isabel > ¡Francisco! ¡Son bandas que tocan cumbias, salsas y merengues!

Francisco > (g) ¿Estás __________ (comer) tomates en salsa?

Isabel > Que no, Francisco, que no. Que (h) estoy __________ (oír) salsa, música de salsa. Mira, Francisco, lo dejamos para otro día. Esto es un diálogo de besugos.

Un diálogo de besugos (saco = *sack (Sp)*; = *suit (LAm)*)

3 Practise pronouncing the present participle when written as *-yendo.* Listen to *Pista 48* and repeat the phrases.

Escuche y repita.

Actividad 4.3

You are in Barranquilla and you are describing what is happening to a friend. Listen to *Pista 49* and use the prompts to explain.

Escuche y describa lo que está pasando según las indicaciones.

En pocas palabras

Dictionary skills: using the dictionary to improve pronunciation

> Looking in the dictionary for the differences in sounds between English and Spanish can help you with your pronunciation and make you more aware of the differences in sound between the two languages.

D

1 Look up the pronunciation of the following in the Spanish Pronunciation section of the dictionary: **b** and **v**; **ce**, **ci** and **z**; **ge**, **gi** and **j**. Then look at the sentences below and read them aloud. How do you pronounce the letters in bold? How is it different from the way you pronounce them in English?

Lea las frases siguientes en voz alta.

Voy a co**ci**nar una paella **v**alen**ci**ana.

El arro**z** es un ingrediente fundamental de la co**ci**na valen**ci**ana.

Me gustan el **j**amón y el **j**erez para tapear.

En **ge**neral no se **b**e**b**e **gi**nebra con el tapeo.

En el carna**v**al el disfra**z** es fundamental.

En algunos **b**ailes el tipo de **z**apato es esen**ci**al.

Las cum**b**ias se **b**ailan sin **z**apatos.

2 Listen to *Pista 50*, compare the sounds you hear with the explanations in the dictionary and your own pronunciation and then practise repeating the sentences.

Escuche y repita.

Vocabulary practice

Remember that topic/subject-related words often belong naturally together. It is useful to remember these words in groups, both for talking about particular subjects and to help you anticipate what you may hear.

You are now going to revise the vocabulary you learned relating to cooking.

Match each verb with an appropriate noun. Some verbs can be matched with more than one noun. Write down all the possible combinations.

Escriba todas las combinaciones posibles.

Ejemplos

se cuece – el arroz

se cuecen – las patatas

se cuece(n)	la carne
se fríe(n)	las patatas
se asa(n)	los huevos
se hierve	los tomates
se pela(n)	el agua
se corta(n)	la cebolla
se baten	el arroz

pelar
to peel

batir
to beat

Léxico básico

banda (la)	*(musical) band*
batir	*to beat (food)*
carnaval (el)	*carnival*
desfile (el)	*parade*
desfilar	*to parade*
disfraz (el)	*fancy dress costume*
huir	*to flee*
oír	*to listen to (literally, to hear)*
reina (la)	*queen*
saludar	*to greet*
sonreír	*to smile*

Sesión 5 ¿Qué hiciste ayer?

In this session you will learn to talk about what happened to Patricio when he went to La Albufera. You will practise talking in the past, using some irregular past forms.

Key learning points

- Talking about what happened at a specific time in the past
- Using the preterite (irregular forms)
- Past time expressions used with the preterite

Actividad 5.1

Yesterday Patricio went to the Parque Natural de La Albufera with his boss and her partner, Lidia.

1 This is what Lidia said about what she did yesterday. Can you arrange her actions in a logical order?

Ordene la narración en una secuencia lógica.

(a) 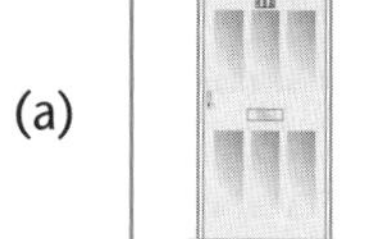 "Vine a casa".

(b) 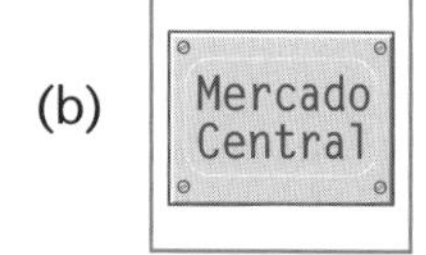

"Hice la compra".

(c)  "Hice la comida".

(d) 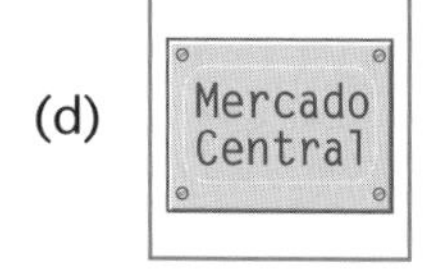

"Fui al mercado".

(e)  "Puse la tortilla de patatas y otras cositas en la cesta".

(f) 

"Fui a La Albufera con Ángela y Patricio".

TALKING ABOUT PAST EVENTS

To talk about completed events in the past, the preterite (simple past tense) is used. A time expression is often used to specify when the event took place.

> Ayer fui al campo y vi muchos pájaros. (Yesterday I went into the country and saw lots of birds.)

Antes de ayer di una vuelta por el centro. (The day before yesterday I went for a walk in the town centre.)

La semana pasada hice la compra en el Mercado Central. (Last week I did my shopping in the Central Market.)

El fin de semana pasado estuve en casa de Chus y Miguel. (Last weekend I was at Chus and Miguel's house.)

Ayer por la mañana tuve que ir al médico. (Yesterday morning I had to go to the doctor's.)

The verbs you have just seen are very common, and it is important to learn their (irregular) preterite forms as soon as possible. You will learn the regular forms of the preterite later, in session 7.

Some time expressions used with the preterite

ayer anteayer *or* antes de ayer ayer por la mañana

la semana pasada el mes pasado el año pasado

el fin de semana pasado las Navidades pasadas

2 As you will have realized by now, Lidia is using the preterite. Match each preterite form (first person singular) to its infinitive.

Enlace la forma del pretérito con su infinitivo.

(a) fui	(i) estar
(b) hice	(ii) poner
(c) puse	(iii) hacer
(d) vine	(iv) venir
(e) estuve	(v) tener
(f) tuve	(vi) ir

You may find irregular forms of the preterite as separate entries in the dictionary. These will refer you to the infinitives.

VERBS WITH IRREGULAR PRETERITE FORMS

Here are some of the most frequently-used verbs with irregular forms in the preterite.

Note that the verbs *ser* ('to be') and *ir* ('to go') have the same form in the preterite.

	DAR	VER	SER	IR
(yo)	di	vi	fui	fui
(tú)	diste	viste	fuiste	fuiste
(él/ella/Ud.)	dio	vio	fue	fue
(nosotros, -as)	dimos	vimos	fuimos	fuimos
(vosotros, -as)	disteis	visteis	fuisteis	fuisteis
(ellos/ellas/Uds.)	dieron	vieron	fueron	fueron

	HACER	VENIR
(yo)	hice	vine
(tú)	hiciste	viniste
(él/ella/Ud.)	hizo	vino
(nosotros, -as)	hicimos	vinimos
(vosotros, -as)	hicisteis	vinisteis
(ellos/ellas/Uds.)	hicieron	vinieron

	ESTAR	TENER
(yo)	estuve	tuve
(tú)	estuviste	tuviste
(él/ella/Ud.)	estuvo	tuvo
(nosotros, -as)	estuvimos	tuvimos
(vosotros, -as)	estuvisteis	tuvisteis
(ellos/ellas/Uds.)	estuvieron	tuvieron

G

For more information about other irregular verbs in the preterite, refer to the section *18 Verbs Irregular in the Preterite* in the grammar book.

Actividad 5.2

1 Listen to three people talking on *Pista 51*. What did they do and when? Answer in English.

Escuche y conteste en inglés.

2 It's your turn to say what you did. Listen to *Pista 52* and do the exercise.

Escuche y participe.

Español de bolsillo (Pista 67)

¿Qué hiciste ayer? *What did you do yesterday?*

¿Adónde fuiste anoche? *Where did you go last night?*

Fui al cine. *I went to the cinema.*

¿Dónde estuviste anoche? *Where were you last night?*

Estuve en el cine. *I was at the cinema.*

Actividad 5.3

There is a bar on the ground floor of Patricio's block of flats which was burgled the previous day while he was away in La Albufera.

poner la casa en orden
to tidy up the house

1 The police are interviewing the residents in the building. Play the role of one of them, Señora Pérez, and answer the questions on *Pista 53*.

Escuche y conteste según las indicaciones.

9.00	Reunión con Ángela en la oficina.
11.00	Ver a Gonzalo Sanjuán, el arquitecto de Sanix S.A.
12.00	Ir al campo con Ángela y con Lidia.
	Tarde LIBRE
	¡No hacer nada!
	Noche Ver la película de
	Almodóvar en video

2 Patricio shows the policewoman his diary and explains what he did. Write down what you think he said, based on his diary. Remember to put the verbs into the first person singular of the preterite tense.

Escriba qué hizo Patricio.

You can start like this:

Ayer por la mañana tuve una reunión con Ángela en la oficina a las nueve. Luego, a las...

3 Record yourself as if you were Patricio talking to the policewoman.

Grábese en su cinta.

Léxico básico

ayer	*yesterday*
di	*I gave*
estuve	*I was*
fui	*I was, I went*
hacer la comida	*to do the cooking*
hacer la compra	*to do the shopping*
hice	*I did*
poner en orden	*to tidy (up)*
puse	*I put*
tuve	*I had*
vi	*I saw*
vine	*I came*

Felicitaciones

In this session you will see how some people celebrate events like saints' days and birthdays. You will also learn about some religious festivities such as Corpus Christi and other lesser known civil celebrations.

Key learning points

- Talking about family celebrations and special days of the year
- Set expressions for wishing people well on these occasions

Actividad 6.1

matrimonio (el) *marriage*
boda (la) *wedding*
ascenso (el) *promotion*
notas (las) *marks, grades*

1 Listen to *Pista 54* and tick the events being celebrated.

Marque con una cruz.

- el nacimiento de un hijo ❑
- una boda ❑
- un ascenso laboral ❑
- un cumpleaños ❑
- Navidad ❑
- buenas notas en los exámenes ❑

2 Listen to *Pista 55,* in which some Spaniards and a young Colombian woman are asked about their saints' day and birthday celebrations. Make notes, using the table below.

Escuche y tome notas.

señora mayor (la) *elderly lady*

	¿Celebra el santo?	¿Celebra el cumpleaños?	¿Cómo lo celebra?
(a) señora mayor española			
(b) otra señora mayor española			
(c) joven español			
(d) joven colombiana			

CELEBRAR EL SANTO

En el mundo hispano la tradición religiosa es la católica romana. En esta tradición los niños reciben el nombre de un santo. Como resultado el día del santo tiene mucha importancia, y las familias celebran el cumpleaños y el santo. En algunas regiones el día del santo se considera más importante que el cumpleaños. Hoy en día esta tradición está perdiendo importancia debido a la secularización de la sociedad. Ahora no todos los niños reciben el nombre de un santo.

está perdiendo
is losing

debido a
owing to

3 What about you? Do you celebrate these occasions? How? Tick as appropriate.

Marque con una cruz.

	Sí	No
(a) ¿Celebra el santo?	❑	❑
(b) ¿Celebra el cumpleaños?	❑	❑
(c) ¿Cómo?		
(i) ¿Con la familia?	❑	❑
(ii) ¿Con los amigos?	❑	❑
(iii) ¿En casa?	❑	❑
(iv) ¿Con una fiesta?	❑	❑
(v) ¿Con una comida?	❑	❑
(vi) ¿Con una tarta?	❑	❑
(vii) ¿Sale a cenar a un restaurante?	❑	❑
(viii) ¿Hace otra cosa?	❑	❑

Actividad 6.2

It's your turn to wish people well. Listen to *Pista 56* and use a suitable expression for the occasion. You may want to listen first to the *Español de bolsillo* on *Pista 68* to check on pronunciation and intonation.

Responda según la ocasión.

Español de bolsillo (Pista 68)

¡Feliz Navidad! *Merry Christmas!*

¡Feliz Año Nuevo! *Happy New Year!*

¡Feliz santo! *Happy saint's day!*

¡Feliz cumpleaños! *Happy birthday!*

¡Feliz aniversario de bodas! *Happy wedding anniversary!*

¡Enhorabuena! *Congratulations!*

¡Felicidades! *Many happy returns! / Congratulations!*

Espejo Cultural

Días de fiesta

Holidays or *días de fiesta* in the Hispanic world may be either religious or civil.

1 Look at these public holidays in the Spanish calendar. Can you work out their names in English? Are they public holidays in your country too?
Escriba.

1 de enero	Año Nuevo
6 de enero	Epifanía o día de Reyes
19 de marzo	San José*
variable	Jueves Santo
variable	Viernes Santo
variable	Corpus Christi*
variable	Día de la Ascensión*
1 de mayo	Día del trabajo
25 de julio	Santiago Apóstol (patrón de España)
15 de agosto	Asunción de la Virgen
12 de octubre	Día de la Hispanidad
1 de noviembre	Todos los Santos
6 de diciembre	Día de la Constitución
8 de diciembre	La Inmaculada Concepción
25 de diciembre	Navidad

* Not everywhere in Spain or no longer a public holiday

relucir como *to shine like*

2 Listen to *Pista 57*. Which three days in the year does this popular Spanish saying refer to? Answer in English.
Conteste en inglés.

3 Look at the flyers opposite, advertising two festivities. Think about the following questions.
Piense.

(a) What do they show?

(b) Are they referring to civil or religious festivals?

(c) Did any of these posters surprise you? Why? Would you see posters like these in your own country?

Póster con la custodia de la catedral de Toledo, España

Estas fiestas mexicanas son famosas desde 1965

LA FIESTA DEL CORPUS

Domingo de Resurrección *Easter Sunday*
Eucaristía (la) *Eucharist*
custodia (la) *monstrance*
colocar *to place*
colgaduras (las) *hangings*
estamentos (los) *bodies, sectors*

La fiesta del Corpus o Corpus Christi es una celebración de carácter religioso de gran tradición en el mundo hispánico. Se celebra sesenta días después del Domingo de Resurrección. En esta fiesta se conmemora de forma solemne la institución de la Eucaristía.

En muchas ciudades esta celebración católica se combina con tradiciones populares. En el caso de la ciudad de Toledo, en España, es la fiesta grande de la ciudad. La catedral es la gran protagonista. La procesión del Corpus con la gran custodia monumental sale de la catedral. El día anterior a la fiesta se colocan colgaduras en ventanas y balcones y se cubren las calles con hierbas aromáticas. En la procesión están representados los estamentos civiles y religiosos de la ciudad. Ha sido declarada de interés turístico internacional.

LAS FIESTAS DE OCTUBRE

lema (el) *motto*
lograr *to attain*

Las fiestas de octubre son una de las grandes fiestas que se celebran en la república mexicana. El lema *La alegría de los niños* hace referencia a la fuerza que tienen los niños y a la intención de lograr un mundo mejor para ellos.

Estas fiestas se celebran desde 1965 en el Auditorio Benito Juárez, Guadalajara, con extensiones a teatros, plazas públicas, galerías, etc. Hay muchas actividades culturales, artísticas y deportivas que reflejan el origen, la tradición y la cultura del pueblo mexicano.

Léxico básico

ascenso (el)	*promotion (in career)*
celebrar	*to celebrate*
cumpleaños (el)	*birthday*
matrimonio (el)	*marriage*
nacimiento (el)	*birth*
notas (las)	*grades, marks (in examination)*
procesión (la)	*procession*
religioso	*religious*
salir a (cenar, bailar...)	*to go out (for dinner, to dance...)*
santo (el)	*saint; saint's day*

Sesión 7

¿Cuándo sucedió?

In this session you will look at some key events in Hispanic history, practise talking about historical dates, and learn to form the regular preterite tense.

Key learning points

- Talking about historical events
- Using the preterite tense (regular verbs)

Actividad 7.1

Gabriela, a friend of Isabel's in Chile, is looking after Alberto, a schoolboy.

1 Alberto is doing a history quiz for school with Gabriela. Listen to *Pista 58* and tick the option they agree is the right one.

Marque con una cruz.

(a) Fin de la civilización azteca en México

Siglo XVI ☐

Siglo XVII ☐

(b) Independencia de las colonias americanas españolas

Siglo XVIII ☐

Siglo XIX ☐

(c) Año de la independencia de Chile

1817 ☐

1827 ☐

(d) Independencia de Cuba, la última colonia americana de España

1898 ☐

1908 ☐

DATES IN HISTORY: CENTURIES AND YEARS

In Spanish, centuries are written in Roman numerals and are read as cardinal numbers. To indicate 'Before Christ' (BC) or 'After Christ' (AD), the abbreviations *a.C.* and *d.C.* are used, e.g. *siglo I a.C. (siglo uno antes de Cristo)* and *siglo I d.C. (siglo uno después de Cristo)*. The abbreviation for *siglo* is *s.* Years are written in Arabic figures and are read as a complete number.

s.IV a.C. siglo cuatro antes de Cristo

s.II d.C. siglo dos después de Cristo

1500 a.C. mil quinientos antes de Cristo

60 d.C. sesenta después de Cristo

1980 mil novecientos ochenta

2010 dos mil diez

2 Listen to *Pista 58* again and practise reading it after Gabriela. Use the transcript to help you.

Escuche y repita.

Actividad 7.2

1 Gabriela decides to teach Alberto a few key dates in Spanish history. Listen to the dates on *Pista 59* and repeat.

Escuche y repita.

2 These are the events Gabriela wants to tell him about. Can you match the years with the events? The first has been done for you.

Enlace.

Estatua de Colón ante los Reyes Católicos, Córdoba, España

(a) 711	(i) Muerte de Franco.
(b) 1492	(ii) Final de las colonias españolas en América.
(c) 1898	(iii) Llegada de Cristóbal Colón a América.
(d) 1936	(iv) Los árabes invaden España.
(e) 1975	(v) Aprobación de la Constitución española.
(f) 1978	(vi) Comienzo de la Guerra Civil española.

3 Now Gabriela is explaining the dates to Alberto. Read her explanation and underline the verbs in the preterite.

Lea y subraye.

"Mira Alberto, ahora un poco de historia de España...

En el año 711 los árabes invadieron España. En 1492 los Reyes Católicos conquistaron el reino de Granada y unificaron España. En el mismo año Cristóbal Colón llegó a América y así comenzó el imperio español en América. En 1898 Cuba se independizó de España y después Filipinas. Fue el final de las colonias españolas en América. Ya en el siglo XX los españoles tuvieron una guerra civil, desde 1936 hasta 1939. Después de muchos años de dictadura Franco murió en 1975 y comenzó la transición a la democracia en España. Tres años más tarde se aprobó la Constitución."

guerra civil (la)
civil war

TALKING ABOUT WHAT HAPPENED ON A PARTICULAR DATE

In Spanish the preterite is used to talk about what happened on a particular date:

En 1492 Colón descubrió América.

La Guerra de la Independencia en España tuvo lugar en el siglo XIX.

Felipe II estableció la capital de España en Madrid en 1561.

tener lugar
to take place

La Guerra de la Independencia
Peninsular War

Formation of the regular forms of the preterite

Here are the regular preterite endings for the three types of infinitive (*-ar*, *-er*, *-ir*). Note that *-er* and *-ir* endings are the same.

	OCUPAR	NACER	DESCUBRIR
(yo)	ocup**é**	nac**í**	descubr**í**
(tú)	ocup**aste**	nac**iste**	descubr**iste**
(él/ella/Ud.)	ocup**ó**	nac**ió**	descubr**ió**
(nosotros, -as)	ocup**amos**	nac**imos**	descubr**imos**
(vosotros, -as)	ocup**asteis**	nac**isteis**	descubr**isteis**
(ellos/ellas/ Uds.)	ocup**aron**	nac**ieron**	descubr**ieron**

4 Gabriela has tickled Alberto's curiosity. He asks her some questions about the arrival of the first Spaniards in Latin America. Put the verbs in brackets into the appropriate forms of the preterite.

Escriba los verbos en la forma correcta.

– ¿Cómo (a) __________ (llegar) Cristóbal Colón a América?

– Colón (b) __________ (salir) de Palos, en Huelva. Los barcos españoles (c) __________ (empezar) el viaje en agosto. Un marinero (d) __________ (avistar) tierra dos meses después. Las tres carabelas españolas (e) __________ (llegar) a una isla del Caribe el 12 de octubre.

– ¿Y qué (f) __________ (pasar) después?

– Pues los españoles (g) __________ (hacer) más viajes y (h) __________ (viajar) por nuevas tierras. Más tarde (i) __________ (descubrir) el Océano Pacífico, el océano que tenemos aquí en Chile.

marinero (el)
sailor

avistar
to sight

carabela (la)
caravel

Actividad 7.3

Think of five dates that are significant for you, either in history or in your personal life, and explain why they are important. Record yourself.

Grábese en su cinta.

Ejemplos

El año 1564 es una fecha importante. William Shakespeare nació en 1564.

1991 es una fecha importante para mí. Nació mi primer hijo.

En 1993 nació mi hija.

Actividad 7.4

WORD STRESS

Sometimes the way a word is stressed changes the meaning, e.g. in English the word 'present' can be a noun (**pres**ent) or a verb (pre**sent**).

When this happens in Spanish, the difference is shown by an accent, e.g. *trabajo* (I work), *trabajó* (s/he worked).

Listen to *Pista 60*, in which you will hear the contrast between the present tense and the preterite tense of a group of verbs. Repeat, noting where the stress falls in each case.

Escuche y repita.

Léxico básico

año (el)	*year*
avistar	*to sight*
civilización (la)	*civilization*
colonias (las)	*colonies*
comenzar	*to start*
conquistar	*to conquer*
descubrir	*to discover*
independencia (la)	*independence*
independizarse	*to become independent*
invadir	*to invade*
morir	*to die*
nacer	*to be born*
ocupar	*to occupy*
unificar	*to unify*

¿Qué te pasó?

In this session you will meet some of Patricio's colleagues, all of whom seem to have suffered some form of injury. You will practise talking about what happened.

Key learning points

- Talking about what happened to you
- Reflexive verbs in the preterite tense

Actividad 8.1

In this activity you will find out what happened to some of Patricio's colleagues.

1 First write the names of the parts of the body in the gaps using the words from the box. Check any words you don't know in the dictionary.

Escriba los nombres de las partes del cuerpo.

el dedo • el hombro • la mano • la rodilla • la pierna • la cabeza • el brazo • el tobillo • la muñeca • el pie

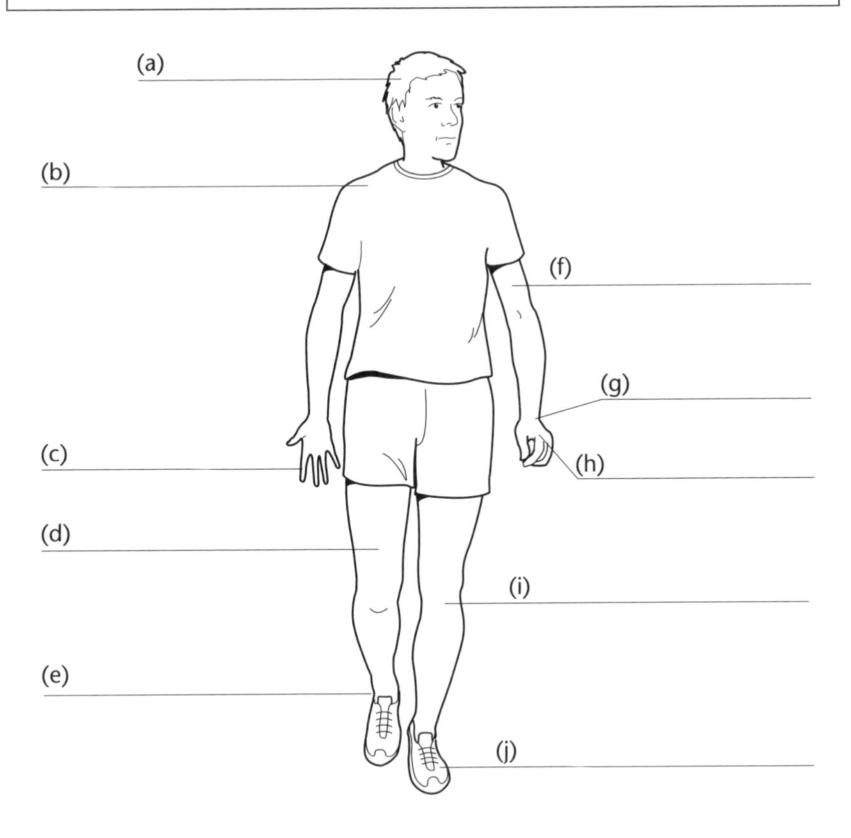

sentarse
to sit down

resbalarse
to slip over

caerse
to fall (down)

2 Look at what happened to three of Patricio's colleagues. Match what happened to them with what they are saying.

Enlace.

partirse
to break

golpearse
to hit, bang

cortarse
to cut

TALKING ABOUT WHAT HAPPENED TO YOU

To talk about an action that happens to you, or that you do to yourself, use a reflexive verb, e.g: *resbalarse, torcerse, caerse, romperse, quemarse, partirse, golpearse, cortarse.* When these things happened in the past, use the preterite.

Ayer me quemé la mano con el horno. (Yesterday I burnt my hand in the oven.)

El sábado pasado me caí. (I had a fall last Saturday.)

They are conjugated according to the ending of the infinitive: *-ar*, *-er* or *-ir*. The pronoun is placed in front.

	QUEMARSE	CAERSE	PARTIRSE
(yo)	me quem**é**	me ca**í**	me part**í**
(tú)	te quem**aste**	te ca**íste**	te part**iste**
(él/ella/Ud.)	se quem**ó**	se ca**yó**	se part**ió**
(nosotros, -as)	nos quem**amos**	nos ca**ímos**	nos part**imos**
(vosotros, -as)	os quem**asteis**	os ca**ísteis**	os part**isteis**
(ellos/ellas/ Uds.)	se quem**aron**	se ca**yeron**	se part**ieron**

3 Make full sentences by choosing the appropriate option from each column. The first has been done for you.

Construya frases, eligiendo la opción adecuada de cada columna.

(a) Juan se sentó al sol en el jardín

(b) María se resbaló en la piscina

(c) Gema se cayó de un árbol

(d) Yo me dormí al sol en la playa

(e) Tú te acostaste tarde después de la fiesta

(f) Perico preparó una carne asada

(i) y se quemó con el horno.

(ii) y me quemé.

(iii) y se golpeó la rodilla.

(iv) y se rompió una pierna.

(v) y se quemó.

(vi) y te levantaste después de las doce.

Actividad 8.2

Patricio went cycling in the mountains last weekend. He was supposed to go with Carlos but Carlos didn't turn up. Patricio calls him to ask what happened.

1 Carlos gives Patricio a very imaginative string of excuses. Can you think of five excuses Carlos might use, including some minor injuries?

Escriba las disculpas de Carlos.

PATRICIO Carlos, ¿por qué no viniste el fin de semana pasado?

CARLOS Porque me levanté tarde. Después...

2 It's your turn to make excuses. Listen to *Pista 61* and do the exercise.

Escuche y participe.

3 Disaster! You were going to go on holiday to Peru but fell downstairs yesterday. Describe at least four injuries you sustained. Record yourself.

Grábese en su cinta.

You can start like this:

Ayer me caí por las escaleras y...

En pocas palabras

Actions usually happen in a logical order. Thinking about the possible sequence can help you anticipate both ideas and related vocabulary in given situations.

1 Look at the situations in the boxes below and put the actions within each box into a logical order.

Ponga las acciones de cada situación en un orden lógico.

(a) Visita a un museo	**(b) Celebración de cumpleaños**	**(c) Accidente**
salir	comer la tarta	ir al hospital
pedir información	cantar el "Cumpleaños feliz"	romperse un brazo
entrar	recibir a los invitados	volver a casa
ver la exposición	abrir los regalos	caerse por las escaleras
comprar postales	despedir a los invitados	poner una escayola

despedir *to say good-bye*

escayola (la) *plaster cast*

2 Now choose one of these situations and convert it into a proper narrative, by building whole sentences. Remember to use the preterite tense and sequence markers like *primero*, *luego*, etc.

Escriba lo que pasó.

You can start like this:
Ayer fui al museo. Primero entré y después...
or:
Ayer fue mi cumpleaños. Recibí a los invitados a las seis de la tarde, luego...
or:
Ayer tuve un accidente. Me caí por las escaleras y...

Diario hablado

1 You went to Marta's birthday the other day. Look at the following pictures, showing what happened, and put them into a logical order.

Ordene.

2 Now practise narrating what happened. Record yourself.

Grábese en su cinta.

You can start like this:
El jueves pasado fui a la fiesta de cumpleaños de Marta...

Léxico básico

brazo (el)	*arm*
caerse	*to fall (down)*
cortarse	*to cut*
dedo (el)	*finger*
golpearse	*to hit, to bang*
hombro (el)	*shoulder*
mano (la)	*hand*
muñeca (la)	*wrist*
partirse	*to break (a bone)*
pie (el)	*foot*
pierna (la)	*leg*
quemarse	*to burn oneself*
resbalarse	*to slip over*
rodilla (la)	*knee*
romperse	*to break (a bone)*
sentarse	*to sit down*
tobillo (el)	*ankle*
torcerse	*to twist, to sprain*

This session is designed to help you revise the language that you have learned so far in this unit.

enamorarse de
to fall in love with

EL CÓMIC

Look at this comic strip and put the verbs in brackets into the correct form of the preterite tense.

Mire y escriba.

Don Quijote ___________ (enamorarse) de Dulcinea del Toboso.

Picasso ___________ (nacer) en Málaga y ___________ (vivir) en París.

El conquistador Hernán Cortés y la princesa india La Malinche ___________ (tener) un hijo en 1522.

PASATIEMPOS

1 Complete the crossword.

Complete el crucigrama.

Horizontal

4 Material que se obtiene de un árbol y se utiliza para hacer muebles.

Vertical

1 Parte del cuerpo situado a mitad de la pierna.

2 Sirve para sentarse en la casa, en la oficina...

3 El color de la hierba.

2 Find seven names of parts of the body in the following grid.
Haga la sopa de letras.

J	D	K	P	E	M	T	N	E	Y
Ñ	R	O	I	M	B	N	H	D	E
W	O	U	E	K	M	R	X	S	D
Y	D	E	O	P	A	N	A	J	E
W	I	M	N	S	N	T	E	Z	D
D	L	J	I	H	O	M	B	R	O
G	L	E	R	Y	W	S	A	X	T
Z	A	J	G	R	J	H	K	D	F
K	Y	H	D	F	D	X	S	G	H
D	H	K	T	O	B	I	L	L	O

EL CANCIONERO

contar mentiras *to tell lies*
liebre (la) *hare*
ciruelo (el) *plum tree*
cargadito de *full of*
tirar piedras *to throw stones*
avellanas (las) *hazelnuts*
nueces (las) *walnuts*
amo (el) *owner*
peral (el) *pear tree field*
melonar (el) *melon field*

Vamos a contar mentiras is a traditonal song usually sung by Spanish schoolchildren on trips (long bus trips encourage singing!) or when they are camping.

1 Read the lyrics (*Pista 62* of the transcript) to work out what the lies are.
Lea la letra de la canción.

2 Now listen to the song while reading the transcript.
Escuche mientras lee.

3 Listen again and sing along if you wish.
Escuche otra vez y cante si lo desea.

EL PEDANTE

You learned how to describe what is happening now in session 4. Taking that into account, try to correct the mistakes on these notes that have been put on a door. There is just one mistake in each.

Corrija los errores.

MI GRAMÁTICA

1 Complete the table with the present participles of the verbs given by putting them in their correct category. The first has been done for you.

Complete la tabla con los verbos correspondientes.

	Verbs ending in -yendo	**Radical changing verbs**	**Regular verbs**
oír	*oyendo*		
pedir			
caer			
comer			
venir			
bailar			

2 The following box contains verb forms, in different persons, in both the preterite and present perfect tenses. Put them in the correct columns in the table below. The first has been done for you.

Complete la tabla.

fuimos • han estado • tuvo • compró • hicimos • ha tenido • he visto • ha ido • estuvo • has hecho • habéis comprado • vimos

	Present perfect	**Preterite**
ir		*fuimos*
estar		
ver		
tener		
comprar		
hacer		

UNA IMAGEN VALE MÁS QUE MIL PALABRAS

Look at this picture and answer the following questions in Spanish.

Responda a las preguntas en español.

tocar las palmas *to clap along*

(a) ¿Cuántas personas hay en el grupo?

(b) ¿Piensa que están en España o en Inglaterra? ¿Por qué?

(c) ¿Qué cree que están celebrando?

(d) ¿Qué instrumentos están tocando?

(e) ¿Qué está haciendo la mujer sentada?

(f) ¿Qué están haciendo las otras mujeres?

DOCUMENTAL

Now you are going to listen to the next programme in the documentary series, *En portada*. You are already familiar with *las Fallas de Valencia* from session 2. Now you are going to hear about three highlights of these popular celebrations.

plantar
to place

durar
to last

Listen to *Pista 63* and answer the following questions in English.

Escuche y responda en inglés.

(a) How long does the celebration last?

(b) What are the three highlights of these *fiestas*?

(c) What is the main attraction of the *Fallas*?

(d) What is the culminating moment of the celebration?

(e) What is the general atmosphere like on the last night?

TERRA

Estrella Damm

Sesión 10 ¡A prueba!

This session consists of a self-assessment test which will give you an idea of the progress you have made throughout this unit. You will find answers and explanations in the *Clave*.

Part A

Test your vocabulary

1 Look at the groups of words below. Cross the odd one out in each case.
Tache la palabra intrusa.

(a) hervir • vivir • sofreír • freír

(b) paella • cebiche • huevos rancheros • ninot

(c) cumbia • merengue • salsa • tomate

(d) oro • madera • plata • perlas

(e) algodón • cristal • lana • seda

2 Choose the appropriate word or expression.
Elija la palabra o expresión adecuada.

picante
hot, spicy

(a) Los huevos rancheros son un plato picante. Llevan...

(i) azúcar (ii) ajo (iii) pimiento chile

(b) Me encanta el zumo de limón. Voy a...

(i) cocer uno (ii) asar uno (iii) exprimir uno

(c) Me encanta la carne asada. Voy a tomar...

(i) cebiche (ii) cordero (iii) calamares

(d) Hoy es el día de Santa Clara.

(i) Enhorabuena. (ii) Felicidades, Clara. (iii) Feliz aniversario.

(e) Hoy es 1 de enero.

(i) Feliz aniversario. (ii) Feliz cumpleaños. (iii) Feliz Año Nuevo.

Test your grammar

1 Read this account of Mari Carmen's saint's day celebration. Complete the sentences with the verbs in the correct form and tense.

Complete las frases.

(a) Mari Carmen está __________ (celebrar) su santo con unos amigos.

(b) Han __________ (ir) a un restaurante mexicano.

(c) Están __________ (leer) la carta.

(d) Juan está __________ (pedir) tortillas y varias salsas.

(e) Hay una orquesta en el restaurante. Está __________ (tocar) corridos mexicanos.

(f) Algunos clientes están __________ (oír) la música.

(g) Otros están __________ (cantar) los corridos con la orquesta.

2 Now read what this person did yesterday. Her account is in the first person singular (*yo*). Complete the sentences with the verb in the correct tense.

Complete las frases.

(a) Ayer __________ (estar) en la fiesta de cumpleaños de Marta.

(b) __________ (ir) a casa de Marta en un taxi con una amiga.

(c) Yo __________ (bailar) mucho.

(d) Al final con la tarta __________ (cantar) el "Cumpleaños feliz" con todos los amigos.

(e) Luego __________ (quemarse) con una vela de la tarta, (f) __________ (cortarse) con el cuchillo partiendo la tarta y (g) __________ (caerse) por las escaleras. ¡Qué final de fiesta!

3 Read this paragraph about pre-Columbian civilizations and fill in the gaps with the verb in the correct form.

Rellene los espacios en blanco.

La historia del continente americano es muy rica en civilizaciones precolombinas.

Los mayas (a) __________ (vivir) en América Central, los aztecas (b) __________ (ocupar) el actual México y los incas (c) __________ (dominar) el Perú actual y otros territorios. Los aztecas (d) __________ (fundar) la capital sobre una laguna. Los incas (e) __________ (construir) grandes monumentos y grandes ciudades. Los mayas (f) __________ (crear) un calendario de 365 días.

Part B

Test your listening skills

Listen to *Pista 64,* in which two friends talk about holidays. Juan seems to have travelled abroad a lot. Use the table below to make some notes about when he went where.

Tome notas de las fechas.

¿Cuándo?	
	"Fui a Francia".
	"Fui a Roma".
	"No salí de España".
	"Visité la India".
	"Fui a los Estados Unidos".
	"Fui a Londres". "Estuve en el Museo Británico". "Estuve en la Galería Tate".

Part C

Test your speaking skills

Read this page of Encarna's diary where she has written down some of the most important personal and public dates for her and her family. Imagine you are Encarna. Explain what happened in each year using the past tense. Record yourself.

Grábese en su cinta.

Fechas importantes en mi familia

1975 Muere Franco.

1982 Nace mi hija Fernanda.

1982 Los socialistas ganan las elecciones generales.

1986 España entra en la Unión Europea.

1987 La familia de América nos visita.

1988 El tío Juan compra un perrito para Fernanda.

Ejemplo

En 1975 murió Franco.

Part D

Test your communication skills

sacar
to take out
mezclar
to mix

Listen to *Pista 65*, in which Cándida explains to her daughter how to cook a personal adaptation of a very popular Spanish dish. She calls it *tortilla española a la Cándida*.

1 What ingredients are needed for this recipe? Give the amounts.
Escriba los ingredientes.

2 Make notes on how to prepare it. You can write the verbs in the infinitive.
Tome notas.

3 Now choose a dish that you like. Make a list of the ingredients and the amounts required. Write instructions, then record yourself.
Grábese en su cinta.

Clave

Actividad 1.1

1 (a) – (iii), (b) – (iii), (c) – (ii).

2 (a) tomate, (b) ajo, (c) pimiento, (d) azafrán, (e) pollo, (f) aceite, (g) cebolla, (h) patata, (i) judía verde, (j) gamba.

Actividad 1.2

1 (a) – (iii), (b) – (v), (c) – (i), (d) – (ii), (e) – (vi), (f) – (iv).

2 The correct order is: (c), (f), (e), (d), (b), (a).

3 He does not mention *se hierve el agua*.

4 (b) se fríe, (c) se coloca, (d) se echa.

Actividad 1.3

3 Here is a possible answer:

Sopa de verduras

Primero se lava y se corta la verdura, después se cuece la verdura. Se añade sal, y se echa un poco de aceite de oliva. Se añade azafrán o colorante y tenemos una sopa digestiva.

Actividad 1.4

(a) – (ii), (b) – (ii), (c) – (iii).

Actividad 2.1

1 The correct order is: (d), (e), (b), (c), (a).

Actividad 2.2

(a) Luego **se reserva** la habitación en un hotel. / Luego **se reservan** las habitaciones en un hotel.

(b) Después **se hace** la maleta. / Después **se hacen** las maletas.

(c) También **se compra** un diccionario de español. / También **se compran** dos/unos diccionarios de español.

Actividad 2.3

1/2 (a) – (v), (b) – (iv), (c) – (ii), (d) – (iii), (e) – (i).

Actividad 2.4

(a) Verdadero.

(b) Verdadero.

(c) Falso. ("... suelen tener un tamaño natural, el de la altura de una persona".)

(d) Falso. (There are four types: realist, caricatured, abstract and figurative.)

(e) Verdadero.

Actividad 2.5

Here are two descriptions of celebrations, one from England and one from Chile. The main grammar point to bear in mind is the use of *se* + third person present, singular or plural, depending on the noun that follows.

El día de Guy Fawkes (Inglaterra)

El día de Guy Fawkes es muy popular en Inglaterra. Durante el día se preparan hogueras en los parques y por la noche se encienden las hogueras. También se disparan fuegos artificiales.

La fiesta de la Tirana (Chile)

Es el festival más espectacular de Chile. Durante tres días en julio se celebran bailes y desfiles. Las calles se iluminan con miles de velas, y se disparan fuegos artificiales constantemente.

Actividad 3.1

1 The lost objects are: *una mochila, una chaqueta, un perro, ¡una suegra!*

2

Objeto	Color	Tamaño	Material
mochila	negra	grande	
chaqueta	marrón		de cuero
perro	blanco	pequeño	

3 **Color**: rojo, blanco, negro, gris, verde, azul, naranja, marrón, rosa, amarillo.

Tamaño: grande, pequeño, mediano.

Material: cuero, algodón, lana, seda, plástico, madera, cristal, hierro, acero inoxidable, oro, plata, perlas.

4 Here is a possible answer:

Collar: perlas, cristal, grande, mediano.

Pulsera: madera, oro, plata, plástico, marrón, negro, grande.

Gorra: algodón, cuero, azul, rosa, mediano.

Gorro: lana, algodón, rojo, negro, amarillo, mediano.

Guantes: cuero, lana, seda, negro, gris, marrón, grandes.

Reloj: acero inoxidable, plata, oro, cristal, plástico, pequeño.

Bufanda: lana, seda, algodón, azul, verde, naranja, grande.

Actividad 3.2

Here is a possible answer:

He perdido un collar de perlas.

He perdido una bufanda de lana. Es naranja.

He perdido una gorra roja de algodón.

He perdido un gorro de lana. Es verde y marrón.

He perdido un reloj de oro.

He perdido una pulsera de plata.

Actividad 3.3

1 No it isn't, because the name on the passport does not coincide.

2 (b), (d), (f), (i).

Actividad 3.4

1 The completed form should read like this:

Reclamación de objetos perdidos

Nombre de la persona que reclama el objeto perdido: Patricio Bustos Guzmán.

Objeto: Cojín parlante.

Descripción del objeto (color, tamaño, material): Es de color naranja, pequeño y de cuero.

Fecha: 22 de marzo.

Firma: P. Bustos

3 Here is a possible answer:

¡Hola Patricio! Soy un cojín parlante valenciano. Soy de color naranja y no me gusta estar aquí. Prefiero estar en las Fallas.

Actividad 4.1

(a) Verdadero.

(b) Verdadero.

(c) Verdadero.

(d) Falso. (*There are two big parades*.)

(e) Verdadero.

(f) Falso. (*The carnival forms part of the country's cultural heritage, and features* La Gran Parada de Tradición y Folclor.)

Actividad 4.2

1 The present progressive forms are: *estoy viendo, están pasando, estoy oyendo*. She is telling her friend about her visit to the Barranquilla Carnival and what she is doing.

2 (a) estás **visitando**, (b) estás **construyendo**, (c) estoy **viendo**, (d) estás **huyendo**, (e) estoy **viendo**, (f) estás **oyendo**, (g) estás **comiendo**, (h) estoy **oyendo**.

Actividad 4.3

En pocas palabras

Vocabulary practice

These are the most frequent of the possible combinations in Spanish:

Se cuece el arroz. Se cuecen las patatas. Se cuecen los huevos.

Se fríe la carne. Se fríe la cebolla. Se fríe el arroz. Se fríen las patatas. Se fríen los tomates. Se fríen los huevos.

Se asa la carne. Se asan las patatas. Se asan los tomates.

Se hierve el agua.

Se pelan las patatas.

Se corta la carne. Se corta la cebolla. Se cortan las patatas. Se cortan los tomates.

Se baten los huevos.

Actividad 5.1

1 The correct order is: (d), (b), (a), (c), (e), (f).

2 (a) – (vi), (b) – (iii), (c) – (ii), (d) – (iv), (e) – (i), (f) – (v).

Actividad 5.2

1 The first person was on the beach last night. The second person went to the beach last week. The third person went to the beach last weekend.

Actividad 5.3

2/3 Here is a possible answer:

Ayer por la mañana tuve una reunión con Ángela en la oficina a las nueve. Luego, a las once vi a Gonzalo Sanjuán, el arquitecto de Sanix. A las doce fui al campo con Ángela y con Lidia. Por la tarde no hice nada. Por la noche vi una película de Almodóvar en video.

Actividad 6.1

1 From the sounds heard, the events being celebrated are: *una boda* (a wedding), *un cumpleaños* (a birthday), *el nacimiento de un hijo* (the birth of a son or daughter). (Note that *enhorabuena* could be used to congratulate someone for obtaining good marks or gaining a promotion.)

2

	¿Celebra el santo?	¿Celebra el cumpleaños?	¿Cómo lo celebra?
(a) señora mayor española	Sí.		
(b) otra señora mayor española	Sí.		Con su hija, su hijo, sus nietos y la familia.
(c) joven español	Algunas veces, no siempre.	Siempre.	Sale a cenar con la familia o con una tarta y una fiesta en casa.
(d) joven colombiana	No. No es costumbre en Colombia.	Sí.	Con fiestas, regalos y muchas felicitaciones.

Espejo Cultural

1 New Year's Day

Epiphany

Saint Joseph's Day

Maundy Thursday

Good Friday

Corpus Christi

Ascension Day

Labour Day / May Day

Saint James' Day

Assumption of the Virgin Mary

Columbus Day (celebrating the date Columbus reached the New World)

All Saints' Day

Constitution Day

Immaculate Conception

Christmas Day

2 They refer to three Thursdays in the Christian calendar: Maundy Thursday, Corpus Christi and Ascension Day.

Actividad 7.1

1 (a) siglo XVI, (b) siglo XIX, (c) 1817, (d) 1898.

Actividad 7.2

2 (a) – (iv), (b) – (iii), (c) – (ii), (d) – (vi), (e) – (i), (f) – (v).

3 You should have underlined the following verbs: *invadieron, conquistaron, unificaron, llegó, comenzó, se independizó, fue, tuvieron, murió, comenzó, se aprobó*.

4 (a) llegó, (b) salió, (c) empezaron, (d) avistó, (e) llegaron, (f) pasó, (g) hicieron, (h) viajaron, (i) descubrieron.

Actividad 7.3

Here are some possible answers:

1945 es una fecha importante. La Segunda Guerra Mundial terminó en 1945.

Para mí el año 2001 es una fecha importante. George Harrison murió en 2001.

Mi padre murió en 1972.

En 1985 nació mi hija.

Actividad 8.1

1 (a) la cabeza, (b) el hombro, (c) el dedo, (d) la pierna, (e) el tobillo, (f) el brazo, (g) la muñeca, (h) la mano, (i) la rodilla, (j) el pie.

2 (a) 1, (b) 3, (c) 2.

3 (b) – (iii) or (iv), (c) – (iv) or (iii), (d) – (ii), (e) – (vi), (f) – (i).

Actividad 8.2

1 Here is a possible answer:

Después fui al bar, tomé un café y me quemé la mano. En el bar vi un póster del jardín zoológico y fui al zoo. Luego me pisó el pie un elefante y tuve que ir al hospital. Allí conocí a una enfermera muy guapa y fuimos al cine por la tarde.

3 Here is a possible answer:

Me torcí el tobillo.

Me golpeé la rodilla.

Me corté la pierna.

Me rompí un dedo.

En pocas palabras

1 (a) **Visita a un museo**: entrar – pedir información – ver la exposición – comprar postales – salir.

(b) **Celebración de cumpleaños**: recibir a los invitados – abrir los regalos – cantar el "Cumpleaños feliz" – comer la tarta – despedir a los invitados.

(c) **Accidente**: caerse por las escaleras – romperse un brazo – ir al hospital – poner una escayola – volver a casa.

2 Here are some possible answers:

Ayer fui al museo. Primero entré y después pedí información. Vi la exposición, ¡muy interesante!, luego compré unas postales y salí del museo.

Ayer fue mi cumpleaños. Recibí a los invitados a las seis de la tarde, luego abrí los regalos, y después todos cantamos el "Cumpleaños feliz" y comimos la tarta. Finalmente despedí a los invitados.

Ayer tuve un accidente. Me caí por las escaleras y me rompí un brazo. Fui al hospital y me pusieron una escayola, luego volví a casa para descansar.

Diario hablado

1 Here is a possible answer: (c), (a), (d), (b), (e).

2 Here is a possible answer:

Primero Marta abrió sus regalos. Después todos cantamos el "Cumpleaños feliz". Luego cortó la tarta y la comimos. Finalmente escuchamos música y bailamos.

SESIÓN 9

EL CÓMIC

Don Quijote **se enamoró** de Dulcinea del Toboso.

Picasso **nació** en Málaga y **vivió** en París.

El conquistador Hernán Cortés y la princesa india La Malinche **tuvieron** un hijo en 1522.

PASATIEMPOS

1 **Horizontal**: (4) madera.
Vertical: (1) rodilla, (2) silla, (3) verde.

2

J	D	K	**P**	E	M	T	N	E	Y
Ñ	**R**	O	**I**	M	**B**	N	H	D	E
W	**O**	U	**E**	K	**M**	**R**	X	S	**D**
Y	**D**	E	O	P	**A**	N	**A**	J	**E**
W	**I**	M	N	S	**N**	T	E	**Z**	**D**
D	**L**	J	I	**H**	**O**	**M**	**B**	**R**	**O**
G	**L**	E	R	Y	W	S	A	X	T
Z	**A**	J	G	R	J	H	K	D	F
K	Y	H	D	F	D	X	S	G	H
D	H	K	**T**	**O**	**B**	**I**	**L**	**L**	**O**

EL PEDANTE

NO MOLESTAR Estoy estudi**and**o

Estoy comi**en**do Vuelvo a las 3 pm

SILENCIO Estoy **durmiendo**

MI GRAMÁTICA

1

	Verbs ending in -yendo	Radical changing verbs	Regular verbs
oír	oyendo		
pedir		pidiendo	
caer	cayendo		
comer			comiendo
venir		viniendo	
bailar			bailando

2

	Present perfect	Preterite
ir	ha ido	fuimos
estar	han estado	estuvo
ver	he visto	vimos
tener	ha tenido	tuvo
comprar	habéis comprado	compró
hacer	has hecho	hicimos

UNA IMAGEN VALE MÁS QUE MIL PALABRAS

Here is a possible answer:

(a) Hay siete personas.

(b) Están en Inglaterra (el estilo de la ventana y la decoración).

(c) Un cumpleaños, un santo, una fiesta entre amigos...

(d) Están tocando un piano y una guitarra.

(e) Está mirando al grupo.

(f) Están cantando y tocando las palmas.

DOCUMENTAL

Here is a possible answer:

(a) A week.

(b) The three highlights are: the fireworks (*mascletàs*); the exhibition of the *fallas*, or *ninots*; the burning of the *fallas*.

(c) The figures – *fallas* or *ninots* – are the main attraction.

(d) The burning of the *fallas* at midnight on the last day.

(e) It is noisy but cathartic, and the streets are full of people and children.

SESIÓN 10

Part A

Test your vocabulary

1 (a) Vivir. (*The others are cooking terms.*)

(b) Ninot. (*The others are names of dishes.*)

(c) Tomate. (*The others are Latin American dances.*)

(d) Madera. (*The others are precious materials used for jewellery.*)

(e) Cristal. (*The others are textile materials.*)

2 (a) – (iii). *Pimiento chile* is the only option that can make a dish hot (*picante*).

(b) – (iii). You need to squeeze one (*exprimir uno*) to get juice.

(c) – (ii). *Cordero* is the only meat.

(d) – (ii). *Felicidades, Clara* is the only phrase that makes specific reference to her name and today is her saint's day.

(e) – (iii). *Feliz Año Nuevo* as it is 1 January.

Test your grammar

1 (a) está **celebrando,** (b) han **ido,** (c) están **leyendo,** (d) está **pidiendo,** (e) está **tocando,** (f) están **oyendo,** (g) están **cantando.**

2 (a) estuve, (b) fui, (c) bailé, (d) canté, (e) me quemé, (f) me corté, (g) me caí.

3 (a) vivieron, (b) ocuparon, (c) dominaron, (d) fundaron, (e) construyeron, (f) crearon.

Part B

Test your listening skills

¿Cuándo?	
1985	"Fui a Francia".
1986	"Fui a Roma".
1987	"No salí de España".
1998	"Visité la India".
2000	"Fui a los Estados Unidos".
el año pasado	"Fui a Londres". "Estuve en el Museo Británico". "Estuve en la Galería Tate".

Part C

Test your speaking skills

Here is a possible answer:

En 1975 murió Franco. En 1982 nació mi hija Fernanda. En 1982 los socialistas ganaron las elecciones generales. En 1986 España entró en la Unión Europea. En 1987 nos visitó la familia de América. En 1988 el tío Juan compró un perrito para Fernanda.

Part D

Test your communication skills

1 Ingredientes (para 6 personas): 1 kilo de patatas, 2 cebollas, 2 pimientos, 100 gramos de jamón, 1/4 de litro de aceite, sal y 6 huevos.

2 Pelar, lavar y cortar las patatas. Echar sal. Freír. Cortar los pimientos, la cebolla y el jamón. Añadir todo a las patatas. Batir los huevos. Echar sal. Sacar todo de la sartén. Mezclar con los huevos. Echar todo en la sartén. Poner un plato encima. Dar la vuelta.

3 Here is a possible answer:

Empanada de salchichas ("Sapos en un agujero")

Ingredientes (para 4 personas): 12 salchichas, 200 gramos de harina de trigo, 2 huevos, 1/2 litro de leche, un poco de agua, aceite.

Primero pinchar las salchichas con un tenedor. Ponerlas en una fuente de horno con un poco de aceite. Meter en el horno durante media hora (a 190° C). Luego mezclar la harina con los huevos y un poco de leche. Batir, añadir el resto de la leche y un poco de agua. Verter el batido en la fuente y cocer en el horno durante otra media hora. Cortar en 4 raciones y servir con puré de patatas y verduras al vapor. Utilizar el jugo de la carne para hacer una salsa.

Transcripciones CD 5

[The music which starts and ends CD 5 is an extract from *La fábula* by F. Falcoff and N. Falcoff, from *La historia del tango*.]

[Pista 1]

This is the CD for Book 5 of the Open University Spanish course for beginners, *Portales*.

Este es el Compacto de actividades 5 del curso de español Portales.

Pista 2

Listen to the customers sitting on the terrace of a Valencian bar talk about what they are drinking.

Escuche a los clientes de un bar de Valencia.

– ¿Qué bebes?

– Un cortado del tiempo.

– Fanta naranja.

– Horchata.

– Zumo de pera.

– Agua.

– Coca-Cola.

– Agua.

– Un café con leche y un vaso de agua.

– Coca-Cola.

– Cerveza.

– Nada.

Pista 3

Listen to these people ordering some drinks and tapas.

Escuche a estas personas pidiendo bebidas y tapas en el bar.

– ¿Qué desean tomar?

(a) – Para mí un agua mineral, por favor.

(b) – Para mí una cerveza.

(c) – Me pone una horchata, por favor.

(d) – Un tinto.

(e) – Me pone una ración de tortilla de patata, cuatro cervezas y dos Coca-Colas.

(f) – Una clara y un Martini y unos calamares.

Pista 4

Now it's your turn. Use the prompts to order some drinks and tapas in a bar. Follow the example.

Escuche y pida según las indicaciones.

Ejemplo

¿Qué va a tomar?

(cerveza)

Para mí una cerveza.

Ahora usted:

– ¿Qué va a tomar?

– (vino tinto)

– Para mí un vino tinto.

– ¿Qué va a tomar?

– (calamares)

– Para mí unos calamares.

– ¿Qué va a tomar?

– (tapa de queso)

– Para mí una tapa de queso.

– ¿Qué va a tomar?

– (tapa de jamón)

– Para mí una tapa de jamón.

– ¿Qué va a tomar?
– (nada, gracias)
– Para mí nada, gracias.

Pista 5

Listen to the waiter offering customers a table.

Escuche al camarero.

– Hola, muy buenas tardes, señores. ¿Son dos para comer?
– Sí, somos dos.
– Siéntense aquí.
– Vale, muchas gracias.

Pista 6

Listen to some customers ordering a meal in La Rosa, a well-known Valencian restaurant.

Escuche a los clientes del restaurante.

– ¿Y para comer?
– Sí, yo tomaré de primero una ensalada valenciana, y de segundo tomaré una paella de marisco.
– Yo de primero tomaré unos calamares y después un arroz de bogavante.
– Enseguida lo tenemos.

Pista 7

Are you hungry? You are a regular customer in this restaurant. Use the prompts to order your meals. Follow the example.

Pida su comida según las indicaciones.

> ***Ejemplo***
> ¿Qué va a tomar de primero?
>
> (mejillones)
>
> De primero voy a tomar mejillones.

Ahora usted:

– ¿Qué va a tomar de primero?
– (ensalada)
– De primero voy a tomar ensalada.
– ¿Y de segundo?
– (merluza rebozada)
– De segundo voy a tomar merluza rebozada.
– Y de postre, ¿qué va a tomar?
– (helado de vainilla)
– De postre voy a tomar helado de vainilla.
– ¿Qué va a tomar de primero?
– (calamares)
– De primero voy a tomar calamares.
– ¿Y de segundo?
– (tortilla de patatas)
– De segundo voy a tomar tortilla de patatas.
– Y de postre, ¿qué va a tomar de postre?
– (flan)
– De postre voy a tomar flan. ¡Uy, qué rico!

Pista 8

Now you're going to play the role of a customer in La Rosa. Use the English prompts. Follow the example.

Conteste a la camarera según las indicaciones.

> ***Ejemplo***
> Buenas noches, señor. ¿Son dos para cenar?
>
> (Confirm there are two of you.)
>
> Sí, somos dos.
>
> Bien. Siéntense aquí.

Ahora usted:

– ¿Qué van a tomar de primero?
– (Say mussels and fried squid.)
– Mejillones y calamares fritos.

- ¿Y de segundo?
- (Ask if they have seafood paella.)
- ¿Tienen paella de marisco?
- Sí, señor. ¿Paella de marisco para dos?
- (Say yes, seafood paella for two.)
- Sí, paella de marisco para dos.
- Y para beber, ¿qué desean?
- (Say you want a bottle of white wine.)
- Una botella de vino blanco.
- De postre, ¿quieren algo?
- (Say fresh fruit for two.)
- Fruta del tiempo para dos.
- Muchas gracias. Enseguida les traigo la bebida.

Pista 9

Listen to these customers in the restaurant and decide what topics they are talking about.

Escuche a los clientes del restaurante. ¿De qué temas hablan?

(a) – ¡Qué calor !, ¿verdad?

– ¡Uy!, sí, horrible... ¡Un calor insoportable!

(b) – ¡Qué restaurante tan grande!

– Sí, sí, es enorme. ¡Qué barbaridad!

(c) – ¡Qué tráfico!, ¿no?

– Sí, bueno, es que hay un partido de fútbol y...

(d) – La paella está riquísima, ¿no te parece?

– Mm, sí, muy rica.

(e) – Oye, ¿vamos al cine después? ¿Qué te parece?

– Sí, no es mala idea. ¿Qué ponen?

– Pues mira, una película de miedo...

Pista 10

You are in a restaurant with a work colleague. Start a conversation using the prompts. Follow the examples.

Inicie la conversación según las indicaciones.

Ejemplo 1

(ruido)

¡Qué ruido!, ¿verdad?

Ejemplo 2

(vino – bueno)

¡Qué vino tan bueno!, ¿no?

Ahora usted:

(tráfico – horrible)

¡Qué tráfico tan horrible!, ¿no?

(camarero – simpático)

¡Qué camarero tan simpático!, ¿verdad?

(música – alegre)

¡Qué música tan alegre!, ¿verdad?

(gol)

¡Qué gol! (¡Histórico, chiquillo!)

Pista 11

It's your turn to respond to a colleague's attempts to start a conversation. Follow the example.

Responda a su colega.

Ejemplo

¡Qué tráfico tan horrible!, ¿no?

Sí, sí, es verdad, horrible.

Ahora usted:

- ¡Qué camarero tan simpático!, ¿verdad?
- Sí, sí, es verdad, muy simpático.

- ¡Qué comida tan deliciosa!, ¿verdad?
- Sí, sí, es verdad, deliciosa.

- ¡Qué música tan alegre!, ¿verdad?
- Sí, sí, es verdad, muy alegre.

- ¡Qué niño tan travieso!, ¿verdad?
- Sí, sí, es verdad, muy travieso.

Pista 12

Listen to the following words in Spanish and in English. The spelling is very similar but they sound very different.

Escuche.

público – *public*, pulpa – *pulp*, paté – *paté*, tráfico – *traffic*, privado – *private*, cascada – *cascade*, termómetro – *thermometer.*

Pista 13

Here is some more pronunciation practice using the sounds /p/, /t/ and /k/. Listen and repeat.

Escuche y repita.

ensalada de pimientos y pepinos – ¡Qué ensalada tan fresca!

tortilla de patatas – ¡Qué tortilla de patatas tan fantástica!

patatas fritas – ¡Qué patatas fritas tan ricas!

Pista 14

Ordering drinks and *tapas* for your friends can be a good way to practise pronunciation. Listen to these orders and repeat them.

Ahora pida algo al camarero para todo el grupo. Escuche y repita.

Para Pepe una horchata fresquita.

Para Pepa un carajillo.

Para mí una pera. Para ti un postre de queso.

Para Tomás un cortado del tiempo.

Para Tita paté de pato.

Pista 15

Listen to this group of friends ordering a meal in a Chilean restaurant that serves traditional dishes.

Escuche a este grupo de amigos.

- ¿Qué van a tomar los señores?
- Para mí de primero, ensalada chilena, y de segundo cebiche.
- ¿Y usted, señora?
- Pues yo voy a tomar de primero empanadas, y de segundo no quiero nada, gracias. Las empanadas son muy grandes.
- Bien. Y la señorita, ¿qué va a tomar?
- De primero ensalada, y de segundo pastel de choclo.
- ¿Y para beber?
- Media botella de vino blanco y agua mineral para los tres.
- De postre, ¿quieren algo?
- Nada, gracias.
- Yo quiero leche nevada, por favor.
- Para mí plátano.
- Muy bien, señores. Muchas gracias.

Pista 16

Here are some snippets of conversation recorded in a restaurant.

Escuche los diálogos.

(a) – Por favor, ¿me puede traer la cuenta?
– Sí, enseguida.

(b) – ¿Me trae la nota, por favor?
– Sí, enseguida.

(c) – ¿Qué tal ha ido el postre, bien?
– Muy bien. Estaba muy bueno.

(d) – ¿Me trae la cuenta, por favor?
– Sí, claro, cómo no.

Pista 17

Here are people in two different restaurants trying to settle their bills.

Escuche estos diálogos.

(a) – Por favor, ¿me puede traer la cuenta?

– Sí, enseguida.

– ¿Se puede pagar con tarjeta?

– Sí, claro, cómo no.

– Muchas gracias.

(b) – Por favor, ¿me puede traer la nota?

– Sí, enseguida.

– ¿Se puede pagar con tarjeta?

– Lo siento, señor. Solo con cheque o en efectivo.

– Vale, gracias.

Pista 18

Make apologies according to the different situations. Follow the examples.

Pida disculpas según la situación.

Ejemplos

(Usted derrama vino en el suelo.)

Perdona. He derramado vino.

(Usted rompe un plato.)

Lo siento mucho. He roto un plato.

Ahora usted:

(Usted pone demasiado arroz en la paella.)

Lo siento. He puesto demasiado arroz en la paella.

(Corta flores en el jardín.)

Perdona. He cortado las flores.

(Pisa a un amigo.)

Perdona. Te he pisado.

(Coge la toalla de una amiga.)

Perdona. He cogido tu toalla.

Pista 19

Now respond to these apologies in different ways. The model answer is only one of the things you might say. Listen to the example first.

Responda a las disculpas de estas personas.

Ejemplo

(Un amigo rompe una copa de cristal durante la cena.)

Lo siento mucho.

No te preocupes.

Ahora usted:

– (Un amigo rompe un plato en la cocina.)

– Lo siento, lo siento mucho.

– No es nada. No te preocupes.

– (Un camarero derrama vino sobre el mantel.)

– Perdone. Lo siento mucho.

– Está bien. No pasa nada.

– (Un hombre choca con usted en unos grandes almacenes.)

– Perdone. ¡Lo siento!

– No es nada. No se preocupe.

– (Un compañero de trabajo derrama café sobre su trabajo.)

– Perdona. Lo siento mucho.

– Bueno, no es nada. No te preocupes.

Pista 20

You are having dinner with some friends in Spain. Listen as they ask for things at the table.

Escuche a sus amigos.

(a) – ¿Me puedes poner un poco de agua?

– Sí, claro.

(b) – ¿Me pasas la sal?
– Claro. Toma.
– Gracias.

(c) – ¿Me das el aceite?
– Sí. Toma.

Pista 21

Now it's your turn. Use the prompts to ask for things.

Pida cosas según las indicaciones.

Ejemplo

(pan)

¿Me pasas el pan?

Ahora usted:

(vino)

¿Me pasas el vino?

(ensalada)

¿Me pasas la ensalada?

(tenedor)

¿Me pasas el tenedor?

(cuchillo)

¿Me pasas el cuchillo?

(patatas)

¿Me pasas las patatas?

Pista 22

Use the prompts to make some requests to a friend. Follow the example.

Pida favores según las indicaciones.

Ejemplo

(llevar al aeropuerto)

¿Me llevas al aeropuerto?

Ahora usted:

(ayudar)

¿Me ayudas?

(dar un pañuelo de papel)

¿Me das un pañuelo de papel?

(prestar cinco euros para un taxi)

¿Me prestas cinco euros para un taxi?

(dejar las llaves del coche)

¿Me dejas las llaves del coche?

Pista 23

Listen to people talking about their plans for the immediate future.

Escuche algunos planes inmediatos.

(a) – ¿Qué va a hacer este fin de semana?
– Voy a ir a la playa.

(b) – ¿Qué vas a hacer este fin de semana?
– Voy a trabajar.

(c) – ¿Qué va a hacer esta noche?
– ¿Esta noche? Pues nada, a ver la televisión.

(d) – ¿Qué vas a hacer mañana?
– No lo sé. Voy a jugar al fútbol.

(e) – ¿Qué vas a hacer en las vacaciones?
– Ir a la playa, salir y divertirme.

Pista 24

Listen to these questions about your plans and reply using the prompts.

Responda según las indicaciones.

Ejemplo

¿Qué vas a hacer esta noche?

(ir al teatro)

Esta noche voy a ir al teatro.

Ahora usted:

– ¿Qué vas a hacer esta noche?
– (estudiar)
– Esta noche voy a estudiar.

- El fin de semana, ¿qué vas a hacer?
- (esquiar)
- El fin de semana voy a esquiar.
- ¿Qué vas a hacer mañana?
- (trabajar)
- Mañana voy a trabajar.
- Y el mes que viene, ¿qué vas a hacer?
- (ir de vacaciones)
- El mes que viene voy a ir de vacaciones.
- ¿Qué vas a hacer mañana por la noche?
- (ir a cantar)
- Mañana por la noche voy a ir a cantar en una sala de fiestas mexicana. Sí, voy a cantar un corrido. (*Allá en el rancho grande, allá donde vivía...*)

Pista 25

Here is a chance to talk about your own plans.

Responda libremente.

¿Qué vas a hacer esta noche?

¿Qué vas a hacer mañana?

¿Qué vas a hacer mañana por la mañana?

Y el fin de semana, ¿qué vas a hacer?

Y las vacaciones de verano, ¿qué vas a hacer en las vacaciones de verano?

Pista 26

Use the prompts to answer this market researcher's questions. Follow the example.

Conteste según las indicaciones.

> ***Ejemplos***
>
> ¿Ha estado alguna vez en Sevilla?
>
> (sí, dos veces)
>
> Sí, he estado dos veces.
>
> ¿Ha estado alguna vez en Gibraltar?
>
> (no, nunca)
>
> No, no he estado nunca.

Ahora usted:

- ¿Ha estado alguna vez en Benidorm?
- (sí, dos veces)
- Sí, he estado dos veces.

- ¿Ha visitado alguna vez Santiago de Compostela?
- (sí, una vez)
- Sí, he visitado Santiago una vez.

- ¿Ha ido alguna vez a Mallorca?
- (sí, tres veces)
- Sí, he ido tres veces.

- ¿Ha estado alguna vez en Ibiza?
- (no, nunca)
- No, no he estado nunca.

Pista 27

Listen to this popular Mexican song.

Escuche esta canción popular mexicana.

> *Coro:*
>
> *La cucaracha, la cucaracha,*
> *ya no puede caminar*
> *porque le falta(n), porque no tiene*
> *las dos patitas de atrás. (bis)*
>
> La pobre cucarachita
> se metió en un hormiguero
> y las hormigas traviesas
> las patitas le comieron.
>
> *(Coro, bis)*

Pista 28

DOCUMENTAL 1
La Rosa

Now it's time for another edition of the documentary series En portada. *This programme is all about eating out, one of the most enjoyable things to do in Valencia.*

Hola a todos, y bienvenidos a una nueva edicion de *En portada*. Hoy les vamos a hablar de la cocina valenciana, y visitaremos uno de los restaurantes más famosos de Valencia, el restaurante La Rosa.

Uno de los grandes placeres de visitar Valencia son sus restaurantes.

La mayoría de estos restaurantes ofrecen platos típicos de la cocina tradicional valenciana, preparada con productos frescos del mar, ríos, montañas y huertas de la región.

¿Y para comer?

Para comer yo tomaré una paella de marisco.

Una de langosta.

Y de primero tomaré una ensalada valenciana.

De primero unos calamares.

En los mejores restaurantes la carta suele cambiar según la estación del año, pero el plato rey es el arroz o los arroces en sus múltiples formas. Por ejemplo, el arroz a banda se prepara con pescado y marisco; el arroz negro, con calamares en su tinta negra. Otro plato tipico es la *fideua*, como una paella pero no tiene arroz, tiene fideos. Pero naturalmente, el protagonista en los restaurantes es la paella. Vamos a preguntar a un grupo de personas mayores cuál es su comida preferida.

¿Cuál es su comida preferida?

Mi preferida comida es la paella valenciana, por eso soy valenciana.

Paella de verduras.

Fideua. Y la segunda arroz a banda.

La *fideua*.

Paella, paella.

Me gusta mucho la paella.

La paella valenciana.

¿Cuál es su comida preferida?

A mí todas. La paella, la paella.

Bueno, está claro que la paella es la favorita. Y uno de los restaurantes valencianos donde mejor se prepara la paella es el restaurante La Rosa, en la Playa de la Malvarrosa.

La Rosa es un restaurante tradicional. Está abierto desde 1925. Sus propietarios son dos primos, Pedro Collante y Juan Miguel Martínez.

En La Rosa han comido artistas de fama mundial: escritores, actores, cantantes, ministros y miembros de la realeza española. En las paredes del restaurante hay fotos de Norman Foster, Umberto Eco, Jeremy Irons, y muchos otros personajes célebres. Juan Miguel nos identifica estos personajes.

Entrevistadora ¿Quién es ella?

Juan Miguel La alcaldesa de Valencia, y junto a ella está Norman Foster, arquitecto.

Entrevistadora Y ¿quién es ese?

Juan Miguel Un personaje muy importante en Italia: Umberto Eco.

Entrevistadora ¿Y ellos quiénes son?

Juan Miguel ¿Ellos quiénes son? Allí tenemos a los propietarios del restaurante junto a Jeremy Irons, actor.

Los clientes pueden comer dentro y ver cómo se cocina la paella típica de Valencia, con conejo y pollo. O fuera en la terraza con el Mediterráneo enfrente, que abre el apetito.

Pues, esta noche vamos a cenar paella.

Muy bien. Y, ¿qué tipo de paella?

¡Paella valenciana, por supuesto!

Bon profit! ¡Que aproveche!

Pista 29

Now listen to these dialogues.

Escuche estos diálogos.

(a) – ¿Me pasas la sal, papá?

– Sí, toma.

– ¿Y el aceite y el vinagre para la ensalada? ¿Dónde están?

– Están en la cocina.

– Mamá, por favor, ¿traes el aceite y el vinagre de la cocina?

– Sí, hija, enseguida.

– Gracias, mamá.

(b) – Por favor, me pone un tinto y una tapa de jamón.

– Lo siento. No hay jamón.

– Entonces una tapa de queso.

– Para mí una cerveza y tortilla de patatas.

– Enseguida.

Pista 30

Listen to this woman talking about what an awful day she's had.

Escuche.

¡Qué día he tenido! ¡Ha sido horrible!

Esta mañana he llegado tarde a la oficina, he derramado café en la mesa del jefe y luego he roto la taza. A mediodía he ido al restaurante y he visto a mi pareja con otra mujer. Esta tarde he ido al gimnasio y he perdido mi bolsa de deporte. He venido a casa y he visto un accidente en la calle y una película horrorosa en la televisión. He cenado sola y he tomado café cinco veces. Ahora no puedo dormir. ¡Qué día!

Pista 31

Now *Español de bolsillo*. Here are all the phrases that are featured in this unit.

Y ahora escuche el Español de bolsillo.

¿Qué va a tomar?

¿Qué desean tomar?

Para mí una cerveza y una tapa de queso.

Para mí nada.

Pista 32

¡Oiga! ¡Camarero, por favor!

¡Oiga, camarero! Cuando pueda.

Pista 33

¿Me puede traer la cuenta, por favor?

¿Me trae la nota, por favor?

¿Se puede pagar con tarjeta?

¿Cuánto es?

¿Me cobra?

¿Qué le debo?

Pista 34

Lo siento.

Perdona, mamá. Ha sido sin querer.

No pasa nada. No te preocupes.

Perdón.

Lo siento. Lo siento mucho, señor.

Perdone, señora. Ha sido sin querer.

No es nada. No se preocupe.

Pista 35

¿Me pasas la sal?

Sí, claro.

¿Me sirves un poco de vino?

Por supuesto.

¿Me das una naranja?

Sí, vale.

Pista 36

¿Me dejas tu calculadora?

¿Me prestas tu cámara fotográfica?

¡Cómo no! Toma.

Pista 37

¿Has estado alguna vez en Chiloé?

¿Has comido alguna vez curanto?

¿Cuántas veces has visitado la Patagonia?

Solo una vez.

Pista 38

Here is the chef in La Rosa talking about different types of paella.

Escuche al cocinero del restaurante La Rosa.

- ¿Qué tipos de paella hay principalmente?
- Dos: valenciana y de marisco.
- Y la paella valenciana, ¿qué lleva?
- Pollo, conejo, judía verde, garrofón, agua, aceite, sal, azafrán y arroz.
- Y... el garrofón, ¿qué es?
- Es una clase de alubia.

Pista 39

Now Eduardo explains how to prepare a paella.

Escuche su explicación.

- ¿Cómo se prepara la paella valenciana?
- Primero se sofríe el pollo y el conejo con un poco de aceite, después se echa la judía verde y el garrofón, después se añade azafrán o colorante, después se vierte el agua y por último se cuece el arroz.

Pista 40

Cebiche is a popular dish in many South American countries. It consists of raw fish or seafood. You're now taking part in a cookery programme on the radio. Explain how to prepare this dish according to the prompts. There's an example first.

Explique cómo se prepara cebiche según las indicaciones.

Ejemplo

Pues, para preparar cebiche...

(primero limpiar el pescado)

Primero se limpia el pescado.

Ahora usted:

(y luego cortar el pescado y la cebolla)

Y luego se corta el pescado y la cebolla muy fina.

(después lavar todo)

Después se lava todo.

(y echar un puñado de sal)

Y se echa un puñado de sal.

(añadir ají picado)

Se añade ají picado.

(y por último exprimir jugo de limón)

Y por último se exprime jugo de limón y ¡a gozar!

Pista 41

Our recording team in Spain is trying to find out about the pan they use in Valencia for cooking paella. How many goes does it take to get the answer right?

Escuche a nuestro equipo grabando en Valencia.

Entrevistadora ¿Y qué sartén se utiliza? ¿Qué tipo de sartén?

Cocinero Eh... la paella.

Entrevistadora ¿Se llama así, paella?

Cocinero Sí, se llama paella.

Ingeniero de sonido Pregunta de nuevo, por favor.

Entrevistadora ¿Qué tipo de sartén se utiliza?

Cocinero La paella.

Ingeniero de sonido Un momentito, un momentito. Ahora.

Entrevistadora ¿Qué tipo de sartén se utiliza? ¿Qué tipo de...? ¿Qué tipo de sartén se utiliza?

Cocinero La paella, que es una...

Entrevistadora ¿Qué tipo de sartén se utiliza?

Cocinero La paella, que es una sartén grande ovalada.

Ingeniero de sonido Una vez más.

Entrevistadora ¿Qué tipo de sartén se utiliza?

Cocinero La paella, que es una sartén redonda con asas y de acero inoxidable.

Pista 42

Here's someone from a *Fallas* association explaining what happens throughout the year.

Escuche cómo se preparan las Fallas de Valencia.

– ¿Cuándo se celebran las Fallas?

– En el mes de marzo.

– ¿Qué se hace en abril?

– En abril se contrata al artista fallero.

– Y en junio, ¿qué se hace?

– Se ve parte del monumento fallero.

– En noviembre, ¿qué se hace?

– En noviembre se elige a la fallera mayor.

– Y por fin en marzo, ¿qué se hace?

– En marzo empiezan las Fallas.

Pista 43

Now listen to Eva who works in one of the museums in Valencia.

Escuche esta entrevista con una empleada de un museo valenciano.

– ¿Y cómo se llama este museo?

– Se llama el Museo del Artista Fallero de Valencia.

– ¿Qué es un *ninot*?

– Un *ninot* es una figura que pertenece a una falla, es una parte de un monumento fallero.

– ¿Qué proporciones tiene el *ninot*?

– Normalmente suelen tener un tamaño natural, el de la altura de una persona.

– ¿Qué estilos de *ninots* hay?

– Los estilos que tenemos son realista, caricaturizado, abstracto e incluso figurativo.

– ¿Cómo es este *ninot*?

– Es del tipo caricatura.

Pista 44

The week after the *Fallas*, employees of the Lost Property Office in Valencia are kept very busy. Here's someone trying to find the right home for a rucksack.

Escuche la llamada de la empleada de la Oficina de objetos perdidos.

– Dígame.

– Buenos días. Llamo de la Oficina de objetos perdidos de Valencia. ¿Ha perdido usted algo?

– Sí, una mochila. Hace dos días, en las Fallas.

– Pues tenemos aquí una mochila. ¿De qué color es su mochila?

- Es negra.
- ¿Qué tamaño tiene?
- Grande, grande. Es bastante grande.
- Esta también es negra y grande.
- ¡Uy, qué bien!
- ¿Qué contiene su mochila?
- Pues, muchas cosas, una foto de mi novia, llaves, una cartera y mi pasaporte.
- ¿Cómo se llama usted?
- Felipe Márquez Piquer.
- Lo siento mucho. Este pasaporte es de Patricio Bustos Guzmán.
- ¡Vaya, hombre, qué mala suerte!

Pista 45

Now you're at the Lost Property Office. Use the prompts to answer the attendant's questions.

Conteste a las preguntas de la empleada según las indicaciones.

> ***Ejemplo***
> ¿Qué ha perdido usted?
> (a handbag)
> Un bolso.

Ahora usted:

- ¿Cómo es?
- (It's big.)
- Es grande.
- ¿De qué color es?
- (It's red.)
- Es rojo.
- ¿De qué material es?
- (It's leather.)
- Es de cuero.

- ¿Qué ha perdido?
- (a necklace)
- Un collar.
- ¿De qué es? ¿De oro?
- (no, pearls)
- No, es de perlas.

- ¿Qué ha perdido?
- (a jacket)
- Una chaqueta.
- ¿De qué color es?
- (It's brown.)
- Es marrón.
- ¿De qué material es?
- (It's silk.)
- Es de seda.

- ¿Qué ha perdido?
- (a gold watch)
- ¡Un reloj de oro!
- ¡Qué pena!

Pista 46

Now look around you, find something you could have lost and answer the questions.

Ahora conteste las preguntas.

¿Ha perdido algo?

¿De qué color es?

¿Qué tamaño tiene?

¿De qué material es?

Pista 47

Patricio has gone to the Lost Property Office to enquire about his rucksack and his talking cushion. Listen to his talking cushion.

Escuche el mensaje del cojín parlante de Patricio.

> ¡Feliz cumpleaños, Patricio! Soy tu cojín parlante. Soy pequeño y naranja, ¡y hablo muy bien el español!

Pista 48

Now practise the pronunciation of the gerund when it is written with a *y* as in *leyendo* ('reading').

Escuche y repita.

Cayendo. Está cayendo mucha lluvia.

Leyendo. Germán está leyendo un libro.

Oyendo. Marieta está oyendo la radio.

Construyendo. Patricio está construyendo una escuela.

Huyendo. Las tropas están huyendo.

Pista 49

You're at the famous *Carnaval de Barranquilla* in Colombia and are describing what's happening there to a friend at home. Follow the prompts as in the example.

Describa el Carnaval de Barranquilla según las indicaciones.

Ejemplo

(Las bandas desfilan.)

Las bandas están desfilando.

Ahora usted:

(La reina del carnaval sonríe.)

La reina del carnaval está sonriendo.

(La reina del carnaval saluda.)

La reina del carnaval está saludando.

(Las bandas tocan cumbias.)

Las bandas están tocando cumbias.

(La gente baila merengues.)

La gente está bailando merengues.

(Los niños duermen.)

Los niños están durmiendo. (¡Imposible!)

Pista 50

Ready for some pronunciation practice? Listen and repeat.

Escuche primero y después repita.

Voy a co**ci**nar una paella **v**alen**ci**ana.

El arro**z** es un ingrediente fundamental de la co**ci**na valen**ci**ana.

Me gustan el **j**amón y el **j**erez para tapear.

En **ge**neral no se **b**e**b**e **gi**nebra con el tapeo.

En el carnaval el disfra**z** es fundamental.

En algunos **b**ailes el tipo de **z**apato es esen**ci**al.

Las cum**b**ias se **b**ailan sin **z**apatos.

Pista 51

Now listen to these people talking about some things they did in the past.

Escuche lo que hicieron estas personas.

(a) – ¿Qué hiciste ayer por la noche?

– Estuve en la playa.

(b) – ¿Qué hiciste la semana pasada?

– Fui a la playa.

(c) – ¿Qué hizo el fin de semana pasado?

– El fin de semana pasado fui a la playa.

Pista 52

What about you? Listen to the prompts and say what you did, as in the example.

Diga lo que hizo ayer según las indicaciones.

Ejemplo

¿Qué hizo usted ayer?

(ir a la playa)

Fui a la playa.

Ahora usted:

– ¿Qué hizo usted la semana pasada?

– (ir al trabajo)

– Fui al trabajo.

– ¿Qué hizo usted el fin de semana pasado?

– (ir a Madrid)

– Fui a Madrid.

– ¿Qué hizo el sábado en Madrid?

– (estar en un restaurante típico)

– Estuve en un restaurante típico.

– ¿Y qué hizo usted el domingo?

– (ir al Museo del Prado)

– Fui al Museo del Prado.

– ¿Y qué vio en el museo?

– (*Las Meninas*)

– Vi *Las Meninas*, un cuadro de Velázquez.

Pista 53

There's been a burglary in the bar in Patricio's building and the police are taking statements from all the people who live in the flats above. Imagine you are one of them: Señora Pérez. Use the prompts to answer the questions. Follow the example.

Conteste las preguntas siguiendo las indicaciones.

Ejemplo

A ver, señora Pérez, ¿qué hizo usted ayer por la mañana?

(ir a la piscina)

Fui a la piscina.

Ahora usted:

– ¿Qué hizo usted ayer por la noche?

– (ir a casa de un amigo)

– Fui a casa de un amigo.

– Y por la mañana, ¿qué hizo usted ayer por la mañana antes del gimnasio?

– (poner la casa en orden)

– Puse la casa en orden.

– ¿Qué hizo usted ayer por la tarde?

– (ver la tele)

– Vi la tele.

– ¿Qué hizo usted ayer a mediodía?

– (ir a un restaurante)

– Fui a un restaurante.

– ¿Qué hizo usted a las cuatro de la tarde?

– (venir a casa)

– Vine a casa.

– ¡Esta señora tiene coartada! *Now, that's what I call an alibi!*

Pista 54

These are all happy occasions. What's being celebrated?

¿Cuál es la razón de estas felicitaciones? Escuche.

¡Felicidades por tu matrimonio!

¡Feliz cumpleaños!

¡Enhorabuena!

Pista 55

Are you named after a saint? Do you celebrate your saint's day? Let's find out what these people do.

Escuche lo que dicen estas personas del día de su santo.

(a) – ¿Y en su casa celebran el santo?

– Sí, mucho.

(b) – ¿Y en su casa celebran el santo?

– Pues sí, con mi hija y mi hijo, mis nietos y la familia.

(c) – En mi casa se celebran siempre los cumpleaños. Los santos algunas veces, no siempre. Suelo salir con mi familia a cenar, a algún restaurante, y si no salimos a cenar hacemos una tarta y una fiesta en casa.

(d) – ¿Cuándo es tu santo?

– El veintiséis de julio.

– ¿Celebras tu santo?

– No, porque en Colombia no es costumbre.

– ¿Celebráis los cumpleaños en Colombia?

– Sí, fiestas, regalos y muchas felicitaciones.

Pista 56

Give a friend your very best wishes. Use an expression sui table for the occasion.

Felicite a su amigo o amiga según la fecha o la ocasión.

Ejemplo

Hoy es mi cumpleaños.

¡Feliz cumpleaños!

Ahora usted:

– Hoy es veinticuatro de diciembre.
– ¡Feliz Navidad!

– Hoy me caso.
– ¡Felicidades!

– Hoy he tenido un hijo.
– ¡Enhorabuena!

– Hoy es uno de enero.
– ¡Feliz Año Nuevo!

– Hoy es mi santo.
– ¡Felicidades!

– Hoy es mi aniversario de bodas.
– ¡Feliz aniversario!

Pista 57

Here is a popular saying about three special days in the year.

Escuche este dicho popular.

Tres jueves hay en el año que relucen como el sol: Jueves Santo, Corpus Christi y el día de la Ascensión.

Pista 58

Ready for a bit of Latin American history? Listen to Gabriela quizzing young Alberto.

Escuche a Gabriela haciendo el test con Alberto.

– Fin de la civilización azteca en México. ¿Siglo XVI o siglo XVII?

– ¿Siglo XVII?

– No, creo que es siglo XVI. Independencia de las colonias americanas españolas. ¿Siglo XVIII o siglo XIX?

– Siglo XIX, Gabriela.

– Sí, vale. Año de la independencia de Chile. ¿1817 o 1827?

– Mm... 1817.

– Sí, creo que sí, Alberto. Y ahora, la última pregunta. ¿Año de la independencia de Cuba, la última colonia americana de España: 1898 o 1908?

– 1898, Gabriela. Siglo XIX.

– De acuerdo.

Pista 59

These are some important dates in Spanish history.

Escuche estas fechas históricas.

El año setecientos once.

El año mil cuatrocientos noventa y dos.

El año mil ochocientos noventa y ocho.

El año mil novecientos treinta y seis.

El año mil novecientos setenta y cinco.

El año mil novecientos setenta y ocho.

Pista 60

Now for some practice on an important aspect of pronunciation: stress. Listen to the following pairs of verb forms in the present tense and then the preterite. Listen and repeat.

Escuche primero y después repita.

llego – llegó
conquisto – conquistó
construyo – construyó
trabajo – trabajó
compro – compró
pago – pagó
canto – cantó
río – rió
bailo – bailó

Pista 61

Patricio's colleagues have all been in the wars recently, but now you've got to imagine that some unfortunate things have happened to you too. Use the prompts to answer the questions. Follow the example.

Conteste según las indicaciones.

Ejemplo

¿Por qué no participaste en la carrera?

(Me rompí un tobillo.)

Porque me rompí un tobillo.

Ahora usted:

– ¿Por qué no fuiste de viaje?
– (Me partí una pierna.)
– Porque me partí una pierna.

– ¿Por qué no viniste a la fiesta?
– (Me dormí en el sofá.)
– Porque me dormí en el sofá.

– ¿Por qué no fuiste a la excursión?
– (Me levanté tarde.)
– Porque me levanté tarde.

– ¿Por qué no fuiste al mercado?
– (Me caí por las escaleras.)
– Porque me caí por las escaleras.

– ¿Por qué no viniste al cine?
– (Me resbalé con un plátano.)
– Porque me resbalé con un plátano y ¡tuve que ir al hospital!

Pista 62

Listen to this traditional Spanish song.

Escuche esta canción tradicional española.

Ahora que vamos despacio, (bis)
vamos a contar mentiras, tralará, (bis)
vamos a contar mentiras.

Por el mar corren las liebres, (bis)
por el monte las sardinas, tralará, (bis)
por el monte las sardinas.

Al salir de mi campamento, (bis)
con hambre de seis semanas, tralará, (bis)
con hambre de seis semanas.

Me encontré con un ciruelo, (bis)
cargadito de manzanas, tralará, (bis)
cargadito de manzanas.

Empecé a tirarle piedras, (bis)
y cayeron avellanas, tralará, (bis)
y cayeron avellanas.

Con el ruido de las nueces, (bis)
salió el amo del peral, tralará, (bis)
salió el amo del peral.

Niño, no le tires piedras, (bis)
que no es mío el melonar, tralará, (bis)
que no es mío el melonar.

Pista 63

DOCUMENTAL 2
Las Fallas de Valencia

Now it's time for another edition of our documentary series En Portada. *This programme is about* Las Fallas, *a popular* fiesta *in Valencia which culminates with the burning of huge specially-constructed wood and papier maché figures on spectacular bonfires.*

Bienvenidos a *En Portada*. El programa de hoy está dedicado a las Fallas.

Al valenciano le encantan el ruido, la música, los fuegos artificiales y las fiestas.

Y las fiestas más populares de la Comunidad Valenciana son las Fallas. Estas fiestas se celebran en el comienzo de la primavera. Son unas fiestas populares, donde participa toda la ciudad: cada barrio tiene su asociación fallera que se prepara durante todo el año para esta ocasión.

Paco y Susi, unos valencianos de la Asociación Fallera del Pilar, nos explican en qué consisten.

Entrevistadora ¿Qué son las Fallas?

Paco Las Fallas son las fiestas más populares de Valencia. Se celebran en marzo y se plantan monumentos en las calles y plazas para después quemarlos.

Entrevistadora ¿Cuánto tiempo duran las Fallas?

Paco Duran del doce de marzo al diecinueve de marzo.

Las Fallas empiezan el doce de marzo, y duran una semana. Tres momentos esenciales de estas fiestas son: primero, los fuegos artificales que en valenciano se llaman las *mascletàs*.

El segundo momento importante de las fiestas es el quince de marzo. Ese día, a las doce de la noche se exponen los monumentos en las plazas y calles de Valencia. Y estos monumentos se llaman "fallas". Entonces, "fallas" es el nombre de las fiestas, y también el nombre del elemento esencial de la fiesta, el monumento fallero o falla.

El monumento está compuesto de figuras gigantes, los *ninots*, o "muñecos" en castellano. Los *ninots* representan una sátira, una crítica a personajes famosos de la actualidad: políticos, cantantes, deportistas... En el Museo del Artista Fallero se pueden ver algunos *ninots*. Eva, una empleada del museo, nos habla de los *ninots*:

Entrevistadora ¿Que es un *ninot*?

Eva Un *ninot* es una figura que pertenece a una falla, es una parte de un monumento fallero.

Entrevistadora ¿Qué dice la gente de los *ninots*?

Eva La gente dice que son imaginativos, que son divertidos, realistas...

Y el momento culminante de las fiestas es el diecinueve de marzo. A las doce de la noche se queman las fallas. Los monumentos se queman al ritmo de una melodía muy conocida: *Valencia*, de Padilla.

Es una noche de catarsis, música, ruidos, niños y mayores que no duermen, todos en la calle. Con el fuego termina un ciclo y empieza otro. Termina el invierno y empieza la primavera. Es un símbolo de renovación. Y el día siguiente, el silencio, la calma, el descanso.

Y con el despertar, los valencianos piensan en: ¿qué fallas vamos a hacer para el año que viene?

Pista 64

Listen to these two friends talking about their holidays.

Escuche a estos dos amigos.

– ¿Siempre vas de vacaciones al extranjero, Juan?
– Bueno, casi siempre. Sí, en 1985 fui a Francia. En 1986 fui a Roma. En 1987 no

salí de España. En 1998 visité la India y en el 2000 fui a los Estados Unidos.

– ¡Hijo, qué vida! Y el año pasado, ¿adónde fuiste de vacaciones?

– Fui a Londres.

– ¿Y qué hiciste en Londres?

– Uff, estuve en el Museo Británico, en la Galería Tate, la Tate Gallery, ya sabes.

Pista 65

Listen to Cándida explaining to her daughter how to cook a favourite recipe.

Escuche a Cándida y a su hija.

– Merche, mira, para hacer esta tortilla necesitas patatas, cebollas, pimientos, jamón, aceite y sal.

– Y huevos ¿no, mamá?

– Sí, hija, sí y huevos. Para seis personas un kilo de patatas, dos cebollas, dos pimientos, cien gramos de jamón y un cuarto de litro de aceite para freír.

– ¿Y cuántos huevos?

– Seis.

– ¿Cómo se hace la tortilla, mamá?

– Mira, primero se pelan las patatas, se lavan, se cortan, se echa sal y se fríen en el aceite. Luego se cortan los pimientos, la cebolla y el jamón, y se añade todo a las patatas. Necesitas una sartén grande, ¿eh?

– ¿Y qué más?

– Se baten los huevos, se echa sal, se saca todo de la sartén y se echa en la fuente con los huevos. Se mezcla todo.

– ¡Uy, qué rico!

– Y ahora lo difícil. Solo un poco de aceite en la sartén, así. Se echa todo en la sartén. Y luego se pone un plato encima... la vuelta...

– ¡Hala!

– Sí, hija, sí. Final de la tortilla. En el suelo.

Pista 66

Now *Español de bolsillo*. Here are all the phrases that are featured in this unit.

Y ahora escuche el Español de bolsillo.

¿Cómo es?

Es grande y rojo.

¿De qué color es?

Es rojo.

¿Qué tamaño tiene?

Es muy grande.

¿De qué es?

¿De qué material es?

Es de plástico.

Pista 67

¿Qué hiciste ayer?

¿Adónde fuiste anoche?

Fui al cine.

¿Dónde estuviste anoche?

Estuve en el cine.

Pista 68

¡Feliz Navidad!

¡Feliz Año Nuevo!

¡Feliz santo!

¡Feliz cumpleaños!

¡Feliz aniversario de bodas!

¡Enhorabuena!

¡Felicidades!

(Este es el final del Compacto de actividades 5.)

Acknowledgements

Grateful acknowledgement is made to the following sources for permission to reproduce material in this book:

Photographs

Page 9: La Despensa, Valencia; *page 13*: taken by the recording team of María Iturri, William Moult and Cristina Ros i Solé; *page 33 (a)*: William Moult; *(b)*: © Ski Portillo, Chile; *(c)*: William Moult; *page 36*: © Ski Portillo, Chile; *page 48*: taken by the recording team of María Iturri, William Moult and Cristina Ros i Solé; *page 62*: Courtesy of Concha Furnborough; *page 66*: taken by the recording team of María Iturri, William Moult and Cristina Ros i Solé; *page 71*: Bayarri Comunicación S.L.; *page 92*: Barbara Scrivener; *pages 103, 104 and 105*: Courtesy of Salud Cubells Borrás.

Cartoons

Pages 29, *44*, *96* and *100* by Roger Zanni.

Cover photo: © Rolando Pujol/South American Pictures, the Museo de Arte Colonial (house of Luis Chacón), Havana, Cuba.

Every effort has been made to contact copyright owners. If any have been inadvertently overlooked, the publishers will be pleased to make the necessary arrangements at the first opportunity.

A guide to Spanish instructions

Agrupe	*Put into groups*
Anote	*Note down*
Busque	*Look for*
Coloque	*Place*
Complete (la tabla / las frases)	*Complete (the table / the sentences)*
Compruebe	*Check*
Construya frases	*Make sentences*
Conteste	*Answer*
Corrija (las faltas / los errores)	*Correct (the mistakes)*
Diga	*Say, state*
Elija	*Choose*
Enlace (las columnas)	*Match up (the columns)*
Escriba (los nombres / una lista)	*Write (the names / a list)*
Escuche	*Listen to*
Grábese en su cinta	*Record yourself on your tape*
Lea (en voz alta)	*Read (aloud)*
Marque con una cruz	*Put a cross (= tick)*
Mire	*Look at*
Ordene (las fases / los pasos)	*Put (the phases / the steps) in order*
Participe	*Take part*
Pida	*Ask*
Piense	*Think*
Ponga	*Put*
Rellene (los espacios en blanco)	*Fill in (the gaps)*
Repita (en voz alta)	*Repeat (aloud)*
Responda a	*Reply to, respond to, answer*
Subraye	*Underline*
Tache	*Cross out / Cross off*
Tome notas	*Make notes*
¿Verdadero o falso?	*True or false?*